視覚誘導性自己運動知覚の実験心理学

中村信次 著

北大路書房

まえがき

　皆さんは，駅のホームで停止している列車に乗っている際，反対側のホームの列車が動き出したのを見て，本当はまだ静止したままの自分の列車が反対方向に動き出したかのような印象を持ったことはないでしょうか。この現象は視覚誘導性自己運動知覚（ベクション）と呼ばれる，いわゆる"錯覚"現象であり，実験心理学の世界では古くから研究対象となってきました。本書は，このベクションの成立機序を解明するためになされた，視覚刺激の3次元的布置の効果を検討した一連の心理実験を報告したものです。

　ベクションは非常に古くから知られていた現象ですが，今なお視覚研究者に魅力的な問いかけを発しています。ベクションの問題を考えることにより，我々人間の視覚システムが，単に外界から与えられた情報を受動的に受容しているのではなく，環境に適した判断を可能とするように，柔軟に与えられた情報を再構成していることがよく理解できます。本書の刊行が，このベクションの心理学的理解に少しでも貢献することができるのなら，非常に喜ばしいことだと思います。

　思えば視覚システムの持つ能動的な機能に関する興味は，著者が心理学の勉強を始めた学部学生の時のことからです。「視覚的世界の動的な安定性保持機構の解明」という初学者としては大それた問題設定をしてしまい，卒業研究で大変苦労をしたことをよく思い出します。以降，いろいろな方にお世話になりながら，いろいろな場所で，基本的には同一の問題意識に基づいて研究を重ねてきました。名古屋大学在学中の指導教官の後藤倬男先生（現名古屋芸術大学教授）には，大学を出た後にも公私にわたり幅広くご指導をたまわりました。高橋晋也先生（名古屋大学大学院環境学研究科助教授）には，本書の基となった博士論文の取りまとめの際に，大変お世話になりました。また，本書で報告

されている実験の多くは，下條信輔先生（カリフォルニア工科大学生物学部教授）との共同研究として実施され，先生のご指導で研究論文として報告されたものです。そのほかにも多くの先生方，上司，先輩，同僚のご支援をいただいて研究を進めてきました。もし本書に何らかの学術的価値があるのなら，それはこれらの方々のこれまでのご支援によるものであります。

　本書は，2002年に著者が学位請求論文として名古屋大学に提出した論文に基づいております。早いもので論文提出から3年が経過しております。その間，若干の追加実験を行ない，議論の補強を行なってきましたが，基本的な構成は論文提出当時のままとさせていただきました。本書を，著者のこれまでの研究経歴の1つの到達点とし，これからの研究の出発点とさせていただきたく存じております。

　本書の刊行には，日本福祉大学学術出版助成の援助を受けました。記して謝意を表したいと思います。

目次

まえがき　i

第1章　序論　3

第1節　はじめに─自己運動知覚における視覚情報の役割─　3
第2節　視覚誘導性自己運動知覚（ベクション）　5
第3節　ベクションの現象特性　9
- 3-1　時間特性　10
- 3-2　視覚刺激要因　12
- 3-3　観察者要因　21
- 3-4　まとめ　23

第4節　他の現象との関連　23
- 4-1　姿勢制御　24
- 4-2　動揺病　25
- 4-3　視覚対象の運動知覚への影響　26

第5節　実験的検討　30
- 5-1　目的と構成　30
- 5-2　測定指標　31

第2章　視覚刺激の呈示領域およびその面積の効果　35

第1節　実験1-1　35
- 1-1　目的　35
- 1-2　方法　36
- 1-3　結果と考察　38

第2節　実験1-2　41
- 2-1　目的　41
- 2-2　方法　42
- 2-3　刺激条件　42

2-4　結果と考察　44
　第3節　実験1-3　46
　　3-1　目的　46
　　3-2　刺激および刺激条件　46
　　3-3　方法　47
　　3-4　結果と考察　48
　第4節　実験1-4　49
　　4-1　目的　49
　　4-2　刺激条件　50
　　4-3　結果と考察　50
　第5節　まとめ　53

第3章　刺激奥行き構造の効果　55
　第1節　実験2-1　55
　　1-1　目的　55
　　1-2　方法　57
　　1-3　結果　58
　　1-4　考察　59
　第2節　実験2-2a・実験2-2b　61
　　2-1　目的　61
　　2-2　方法　61
　　2-3　結果と考察　63
　第3節　実験2-3　66
　　3-1　目的　66
　　3-2　方法　66
　　3-3　結果と考察　68
　第4節　実験2-4　70
　　4-1　目的　70
　　4-2　方法　71
　　4-3　結果と考察　71

第5節　まとめ　75

第4章　ベクション知覚に及ぼす前面刺激運動の効果　77
第1節　実験3-1　77
- 1-1　目的　77
- 1-2　方法　78
- 1-3　結果　79
- 1-4　考察　80

第2節　実験3-2　83
- 2-1　目的　83
- 2-2　方法　83
- 2-3　結果と考察　85

第3節　実験3-3a・3-3b　87
- 3-1　目的　87
- 3-2　実験3-3a　88
- 3-3　実験3-3b　90

第4節　討論　92
- 4-1　前面刺激が自己運動知覚に及ぼす影響　92
- 4-2　他の知覚現象との比較　93
- 4-3　逆転ベクションの成立機序　95

第5章　逆転ベクションに影響を及ぼす視覚刺激要因の効果　101
第1節　実験4-1a・実験4-1b　102
- 1-1　実験4-1a　102
- 1-2　実験4-1b　104

第2節　実験4-2　106
- 2-1　目的　106
- 2-2　方法　106
- 2-3　結果と考察　107

第3節　実験4-3　110

3-1　目的　110
　　3-2　方法　111
　　3-3　結果と考察　112
　第4節　実験4-4　114
　　4-1　目的　114
　　4-2　方法　115
　　4-3　結果と考察　116
　第5節　実験4-5a・実験4-5b　118
　　5-1　目的　118
　　5-2　方法　119
　　5-3　結果と考察　121
　第6節　まとめ　124

第6章　総合討論　125

　第1節　通常ベクション　125
　第2節　逆転ベクション　130
　　2-1　眼球運動情報が自己運動知覚に及ぼす影響　130
　　2-2　前面刺激運動速度の効果　134
　　2-3　前面刺激運動が眼球運動情報に及ぼす効果　135
　　2-4　視覚パターン運動方向に誘発される自己運動知覚　137
　第3節　生理学的知見との対応　139
　第4節　ベクション知覚に及ぼす平衡感覚情報の効果　141
　第5節　自己運動および対象運動知覚のモデル構築　146
　　5-1　複層の座標系間での情報変換に基づく運動知覚のモデル　146
　　5-2　対象運動の認識過程　149
　　5-3　自己運動の認識過程　151
　第6節　今後の課題　155

第7章　要約　159

引用文献　161

視覚誘導性自己運動知覚の実験心理学

第1章 序　論

●第1節　はじめに―自己運動知覚における視覚情報の役割―

　我々は，感覚器官によって外部環境の情報を取り入れ，それを正しく認識することにより，初めて環境の変化に対し適応的な行動をとることが可能となる。その際，外部環境に対する自己の位置や運動を正しく認識し，その自己身体に関する情報と外部環境に関する情報を共に利用して，置かれた状況に応じた適切な判断を行なうことが重要である。この我々の環境に対する行動的適応に必要不可欠な自己身体運動の認識は，単一の感覚モダリティによってその情報が伝達されるのではなく，視覚情報に加え，皮膚表面における触感覚や筋や腱の緊張に関する自己受容感覚を含む体性感覚情報，前庭感覚器官（耳石器および三半規管）による平衡感覚情報等の複数の感覚モダリティが関与する問題である（Dichgans & Brandt, 1978; Warren & Wertheim, 1990）。本研究では，自己運動の認識に関与する感覚情報の中でも，特にその重要性が高いと考えられる視覚情報の役割を中心に検討を進める。

　Gibson (1979) は，知覚情報処理に関する生態光学的な考察によって，視覚情報の中に観察者の自己運動に関する情報が含まれていることを示し，その様な視覚情報を視覚的自己受容感覚（visual proprioception）と呼んだ。Gibsonによれば，観察者の移動にともないその視野の光学的配列（optical array）が特異的に流動し，その光学的流動（optical flow）に基づいて観察者の運動を再

構成することが可能となる。例えば列車に乗って窓外の風景を観察した場合には，視野の全体において列車の進行方向とは反対方向に風景の流動が生じる。この様に視野の全体的な運動は，それとは反対方向への自己運動を指し示す情報となる。またLeeらの一連の実験によって，我々人間をはじめ多様な種の動物が実際に視覚情報に基づく自己運動情報を利用して，行動のコントロールを行なっていることが明らかとなっている（e. g., Lee & Aronson, 1974; Lee & Lishman, 1975）。さらにLishman & Lee（1973）は，自己運動に関する上述の3種の感覚情報，すなわち視覚，平衡感覚，体性感覚を任意に組み合わせ，それぞれの感覚情報が矛盾する実験状況を作り出し，その様な状況における観察者の自己運動知覚を分析した。実験の結果，どの様な感覚情報の組み合わせにおいても，視覚情報が伝える自己運動情報に適合した知覚が生起することが明らかにされた。

　これらの検討から，自己運動知覚に及ぼす視覚情報の影響の大きさを理解することができる。このことは，以下に述べる各感覚モダリティの特徴と関連していると考えられる。平衡感覚情報の受容器である前庭感覚器官は，直線加速度を検出する耳石器と回転加速度を検出する三半規管とからなっており，自己身体（正確には頭部）の加速度運動に反応する。ただし，これらの器官は等速度の直線運動および回転運動には反応することができず，静止状態と定常的運動状態とを識別することは不可能である。したがって，前庭感覚器官による平衡感覚情報から正確な自己運動情報を得るためには，身体加速度に関する情報を積分することによって自己運動の速度成分を算出しなければならない。また，体性感覚情報に関しては，自発的に歩いている場合と乗り物等に乗って他動的に運動させられている場合では筋運動感覚は大きく異なってしまう。さらに，例えば自動車に乗っている場合に背中がシートに押しつけられる感覚から自己運動を感じることがあるが，これもシートの素材や着座姿勢によって，その圧覚による情報は変化してしまう。この様に，平衡感覚情報および体性感覚情報から自己運動情報を直接得ることは難しく，その様な情報に基づいて自己運動の認識を行なうためには，複雑な補正のための処理過程を考えなければならない。一方，視覚情報に関しては，観察者の運動とそれにともなう視野の光学的流動とは1対1対応しており，視覚情報，より正確には視覚的運動情報から観

察者の自己運動に関する情報を一意に決定することができる。自己運動知覚における視覚情報の優位性は，この様な各感覚情報の特性を反映しているものと考えられる。

　以上述べてきた様に，外界に存在する対象に関する情報（対象の色，大きさ，形，位置等）を我々に伝達する視覚モダリティは，自己運動という観察者の状態に関する情報（自己受容情報）の伝達においても非常に大きな役割を果たしている。そこで，本研究では，我々の環境への行動的適応に必要不可欠な自己運動知覚に関する情報処理過程を，次節に詳述する視覚誘導性自己運動知覚（ベクション）を用いて検討することとする。ベクションは，視覚情報が自己運動知覚に決定的な影響を及ぼしていることの証拠として，古くから数多くの研究者の興味を引いてきた知覚現象であり，ベクションの生起やその強度に影響を及ぼす視覚刺激条件を分析することは，自己運動知覚における視覚情報の役割を検討するための有効なアプローチとなり得る。特に本研究では，3次元空間内での視覚刺激配置がベクション知覚にどのような影響を及ぼすのかを詳細に分析することにより，視覚情報に基づく自己運動知覚の成立メカニズムに関し新たな知見を得ることを試みる。

●第2節　視覚誘導性自己運動知覚（ベクション）

　視野の大部分を占める広い領域で視覚刺激が均一に運動するのを観察した場合に，物理的には静止しているはずの自分の身体が，視覚刺激の運動とは反対方向に運動して知覚される。この視覚誘導性自己運動知覚（以下 Fischer & Kornmüller (1930) にならいベクション (vection) とする）と呼ばれる知覚現象は，視覚情報が自己運動知覚に決定的な影響を及ぼしていることの証拠として広く受け入れられており，自己身体運動知覚における視覚情報の役割を考える場合に非常に重要な意味を持つものと考えられてきた（Howard (1982)，狩野 (1991)，または Warren (1995) による総説を参照）。

　前節で述べた様に，前庭感覚器官は自己の加速度のみに反応し，定常的な自己運動を感知することはできない。また，身体の受動的運動の場合には，筋運

動感覚情報を用いて自己運動を検出することはできない。したがって，身体が等速度で受動的に運動している場合には，身体運動とは反対方向へ運動する視覚刺激のみが自己運動の情報を伝達することとなる。このことは，定常走行している列車に乗っている際，普通に窓外の風景を見ている場合には自己の運動が良好に認識されるが，一旦眼を閉じると自己運動が感じられなくなることからも容易に理解できる。ベクションを引き起こす視覚刺激は実際の身体運動にともなう風景の流動，すなわち光学的流動と等価であり，ベクションが日常的な環境における身体運動と視覚刺激運動との関係に対応した知覚現象であることを理解することができる。以上を統合して考えると，ベクション知覚時に知覚情報処理過程に伝達される自己運動に関する視覚，平衡感覚，体性感覚の各感覚情報は，すべて身体の等速度受動運動の場合のそれと同一であると結論できる。したがって，ベクションはその現象特性上，物理的には静止している観察者の身体が運動して感じられるという一種の錯覚現象であるが，その背後に存在する情報処理の過程を考えると，各感覚器官に入力される刺激情報と，出力である自己運動知覚とが実際の自己運動の場合と一致しており，その意味においてはもはや錯覚ではないと考えることもできる。

　このベクション現象の生起は，実験室環境に限られるものではなく，我々の日常的な生活環境下においても容易に確認することができる。最も典型的な例は，静止した列車に乗っている場合に，反対側の線路の列車が動きだすと，その動きとは反対方向に自分の乗っている列車が動いている様に感じられるという事例であろう（一般に train illusion とも呼ばれる）。また，この知覚現象を応用して，観察者に自己運動感覚を体験させるための機器類も古くから数多く存在する。例えば，遊園地等に設置されている「びっくりハウス（Haunted Swing）」と呼ばれる遊技施設では，乗客を小部屋の中のベンチに座らせ，その小部屋を乗客の周りで回転させることによって，あたかも自分の身体が回転しているかの様に感じさせる（Wood, 1895; Fig. 1-1）。同様に，自動車運転訓練等に用いられるドライビングシミュレータにおいては，運動する道路環境を大画面上に呈示することによって観察者の自己運動を再現している。これらの機器類で得られる自己運動感覚は，実験室内で誘導されるベクションと原理的に全く同一のものである。

第2節　視覚誘導性自己運動知覚（ベクション）

Fig. 1-1　The haunted swing（Wood, 1895）

　また，ベクションは非常に古くから知られている知覚現象でもある。Mach (1875) は，橋の上から川を観察した場合に，その流れによって自己の身体運動が誘導されることを報告した。また彼は，日常生活場面において経験されるベクションの現象論的な分析のみならず，縦縞模様の円筒を回転させその内部を観察したり，2本のローラーの間に模様を描いた布を張りそれを動かすことによって，実験室内でベクションを誘導することに成功している。さらにFischer & Kornmüller (1930) は，視覚刺激の運動による自己運動を，自己の回転運動と直線運動の感覚に分離し，各々の特性について分析した。彼らは，前者を回転ベクション（circularvection），後者を直線ベクション（linearvection）と呼んだ。この回転ベクションおよび直線ベクションという分類の枠組みは，今日の自己運動知覚研究においても用いられることが多い。

　この様に，ベクションに関しては現象自体非常に古くから知られており，実験的検討の萌芽も比較的早い段階から認められる。ただし，その本格的な実験心理学的分析の開始は，Brandt, Dichgans & Koenig (1973) の実験を待たなければならない。Brandtらは，呈示する視覚刺激の要因を種々に操作し，ベクションが明瞭に生起する条件を分析することによって，視覚情報が自己身体運動知覚に及ぼす効果を実験心理学的に検討した（詳細は次章で述べる）。Brandt

第1章 序　論

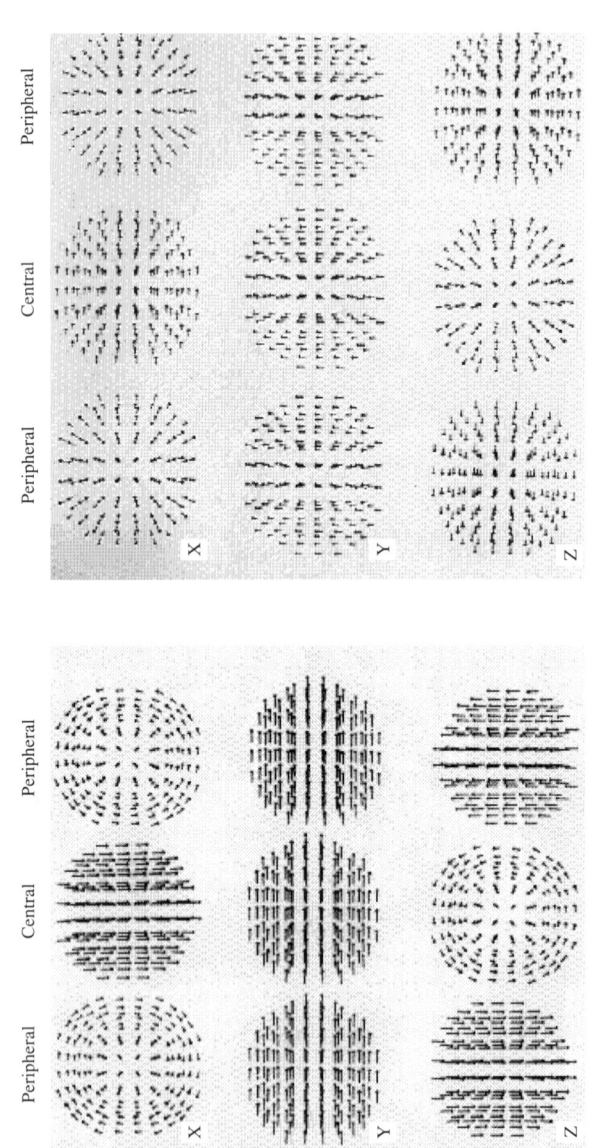

a) circular vection

b) linear vection

Fig. 1-2　Visual stimulus inducing self-rotation (a: circular vection) and self-translation (b: linear vection) about x-, y-, and z-axes (Andersen, 1986)

らによるベクションの実験的分析以降，今日まで，ベクションは自己身体運動の認識に関する知覚情報処理，特に視覚情報の果たす役割を分析するための重要な知覚現象として，多くの研究者によって取り上げられ，その生起特性や現象強度に影響を及ぼす刺激要因等に関してさまざまな検討がなされてきた。次節では，それらの検討によって明らかにされたベクションの諸特性について述べる。

　ここで，本研究においては，視覚刺激運動によって誘導された自己運動感覚をすべて総括してベクションと呼ぶこととする。上述した様に，ベクション研究においてはかなり初期の段階において，回転ベクションと直線ベクションとの現象的な分離が提起されている。また，Andersen（1986）は自己運動の方向によるさらに詳細な分類として，上下・左右・前後の3種の直線ベクションと，上下軸・左右軸・前後軸周りの3種の回転ベクション（それぞれヨー・ピッチ・ロール）を定義した。この6パターンの自己運動では，その運動を誘導する視覚刺激の運動の様式が Fig. 1-2 に示すように質的に異なっており，さらにそれぞれの自己運動に特定の平衡感覚器官（直進運動では耳石器，回転運動では三半規管）が対応するため，異なる現象特性を持つ別個の知覚現象として考えなければならないとされた。しかしながら，ある一定の規則に基づく視覚刺激の運動が，静止した自己の身体の運動知覚を誘導し，その運動方向が実際の身体運動とそれにともなう視野流動との関係から予測可能であるという点は，上述したすべてのベクション現象で共通のものであり，この点こそがベクションの大きな特徴として自己運動知覚の情報処理メカニズムを考える際に重要な意味を持つと考えられる。したがって，本研究においてはベクションを単一の知覚現象であると考え，その成立機序を検討することに注力し，特別に言及する場合を除いては回転ベクションや直線ベクションといった種類の相違は考慮しないこととする。

●第3節　ベクションの現象特性

本節では，これまでの研究によって明らかにされているベクションの現象特

性や，その生起に影響を及ぼす刺激要因について論述する。これにより，ベクションの知覚現象としての特徴を明らかにし，視覚情報に基づく自己運動知覚の成立メカニズム検討のため，どの様な取組みをなすべきかの指針を得る。

3-1　時間特性

　ベクションによる自己運動感覚は，視覚刺激の運動と同期して即座に経験されるものではない。視覚刺激の運動の開始直後は，観察者は視覚刺激の運動のみを感じ，自分の身体を静止したものとして知覚する。ある一定の潜時の後，徐々に自己の身体が視覚刺激の運動とは反対方向へ運動して感じられる様になり，それにともなって視覚刺激の運動の感覚が弱まっていく。この状態の自己運動知覚を部分ベクション（partial vection）と呼ぶ。さらに観察を続けると，自己の身体のみが運動しており，視覚刺激は空間内で静止しているかの様に感じられる（完全ベクション；complete vection）。すなわち，ベクションは刺激観察時間の関数としてその現象的な強度を増加させる知覚現象であると理解することができる。Brandt et al.（1973）によって，回転ベクションにおいて部分ベクションが初めて知覚されるまでの潜時は3～4秒であり，完全ベクションが成立するまでには10～12秒を要することが報告されている。また直線ベクションについては，部分ベクションの潜時が1～2秒とわずかながら短くなることが知られている（Berthoz, Pavard & Young, 1975）。

　これらの事実から，ベクションの生起およびそれが定常状態に達するまでには，視覚刺激の運動開始から一定の時間が必要であることがわかる。潜時の実験参加者間の差異は大きいが，実験参加者内では比較的安定している（Kennedy, Hettinger, Harm, Ordy & Dunlap, 1996）。また，どの様な観察条件においてもベクションの潜時がゼロとなることはなく，ベクション知覚にとってある程度の潜時は不可避なものと考えなければならない（狩野，1991）。Wong & Frost（1981）はこのベクションの潜時の原因を視覚情報と平衡感覚情報との相互作用に求めている。すなわち，視覚刺激が運動を開始すると，視覚情報が自己身体の運動を知覚情報処理過程に伝達するが，実際には観察者の身体は空間内で静止しているので，平衡感覚情報は身体静止の情報を伝えることとなる。この感覚情報間の矛盾を知覚情報処理過程が解決するのにある一定の処理時間

が必要となり，それがベクション知覚の潜時となると考えたのである。実際に，視覚刺激運動開始に同期して自己の身体を運動させ，視覚刺激による自己運動情報と整合する平衡感覚情報を作り出すことによって，ベクション潜時が大きく減少し，反対に視覚刺激と矛盾する平衡感覚情報を与えた場合には潜時が増大することが報告されている（e.g., Young, Dichgans, Murphy & Brandt, 1973）。

　この様な事実から，平衡感覚情報は，ベクション知覚生起の初期段階には影響を及ぼすと考えられるが，前述した様に定常的な身体運動に反応することはできず，ベクション知覚に対し継続的な効果は持ち得ないと思われる。平衡感覚情報によるベクションの阻害が運動開始時のみに限られるのならば，視覚刺激の運動の立ち上がりを急峻なものではなく，なだらかなものとする。すなわち視覚刺激を低い加速度で運動させることによって，視覚・平衡感覚情報間の矛盾を緩和することができ，ベクションの潜時を短縮することができると考えられる。Melcher & Henn（1981）はさまざまな加速度を持つ視覚刺激を観察した場合のベクション潜時を測定し，$5\,\mathrm{deg/sec^2}$ 程度の加速度で視覚刺激が比較的ゆっくりと加速をした場合に潜時が最も短くなることを見い出している。この結果は上述の考えを支持するものである。

　また視覚刺激運動によって誘導されたベクションが比較的弱い場合には，一旦ベクション知覚が成立した後にも，観察を継続している間に自己運動感覚が消失することがあり，自己の身体が運動して感じられる状態と静止して感じられる状態とが交互に生じることもある（Brandt, Dichgans & Büchele, 1974）。このベクションの中断も，上述したベクションの潜時と同様に説明することが可能であろう。すなわち，視覚刺激運動による自己運動を知覚している間にも，自己運動に関する知覚情報処理過程には他の感覚情報，例えば平衡感覚情報が入力されており，それらが伝える身体静止の情報が視覚情報の伝達する自己運動情報よりも強くなれば，自己の身体が運動しているとする判断を修正し，自己静止の信号を出力すると考えればよい（e.g., Watt & Landolt, 1990）。定常的な自己運動の情報は視覚情報の中にのみ存在することを前述したが，もし観察中に観察者がわずかでも頭部を動かした様な場合には，前庭感覚器官はその空間的方位の変化によっていわゆるコリオリの力を受け，この刺激入力に基づき

頭部の回転を判断することが可能となる。したがって，ベクション観察中に観察者が微小な頭部変位を行なった場合には，前庭感覚器官は身体静止の情報を伝えることができる。ベクションを中断させるであろう要因としては，上述した平衡感覚等の感覚性情報の他にも，実験環境においては固定された実験装置を用いているので，実際の身体運動に付随する振動や音が欠如しており，観察者が自己の身体が動くはずがないという認知的判断，いわば先入観を持ってしまうことの影響も考えられる (Lepecq, Giannopulu & Baudonniere, 1995)。

さらに，ベクション知覚の時間特性に関連する興味深い現象に，ベクションの残効があげられる。比較的強いベクションが知覚された場合には，視覚刺激の運動終了後に，刺激呈示中に知覚されたベクションとは逆方向への自己運動が感じられる。このベクションの残効は，開眼・閉眼にかかわらず生起し，その持続時間が刺激観察中に生起したベクションの持続時間に比例することがわかっている（狩野, 1989；Kano, 1990）。また，ベクションの残効は，視覚刺激の運動観察による視覚運動性眼震の残効（optokinetic after nystugmus）と共通する時間特性を持ち，両者の関連が示唆されている（Brandt et al., 1974）。しかし，その現象特性や成立機序については未解明な部分が多く，今後のさらなる検討が待たれる。

3-2 視覚刺激要因

3-2-1 刺激パターン

Mach (1875) の実験以降，内部に縦縞のストライプ模様を施したドラムの回転が，ベクションを引き起こす代表的な視覚刺激として多くの実験で用いられてきた。しかし，ベクションの生起はその様な視覚刺激のみに限定されるものではなく，ランダムドットパターンの運動によっても良好に自己運動が誘導される。さらに，ドラムを均一の素材で形成した場合でも，その素材の持つ肌目（テクスチャ）の運動によって自己運動を誘導することが可能である（林・狩野, 1990）。また，近年のコンピュータグラフィクス技術の進歩によって，上述の様な抽象的なパターンの運動のみならず，実際の自己運動にともなう視野の流動をシミュレートした画像（例えばドライビングシミュレータの画像）を容易に呈示することが可能となり，その様な刺激によっても自己運動知覚が誘

導されることが示されている（e.g., Ungs, 1989）。すなわち，ベクション知覚は特定の刺激パターンに結び付いた現象ではなく，そのパターンの運動にのみ規定されるものであると結論することができる。

3-2-2 運動の種類

前節で述べた様に，各種の視覚刺激の運動は特定の自己運動知覚を引き起こす。例えば，前額平行面上での視覚刺激の拡大（もしくは縮小）運動は身体の前進（もしくは後退）運動を，上下左右への平行運動は垂直・水平方向の直線運動を，回転運動は視線方向を軸とする自己の回転運動をそれぞれ誘導する（Andersen, 1986）。この視覚刺激運動とベクションとの関係は，実際の身体運動とその際の外界の静止対象の視野内での流動との関係に対応している。

実際の視覚刺激運動がなくとも，視覚刺激の見えの運動が存在する場合には，その知覚運動によってベクションが誘導されることが報告されている。Schor, Lakshminarayanan & Narayan（1984）は，回転ドラムの内部をストロボ照明下で断続的に観察させた場合にも，自己身体誘導運動が生起することを示した。すなわち，仮現運動（β運動）によってもベクションの誘導が可能であった。さらにSchorらは，ストロボ照明下では，ストロボ発光頻度が高く，発光間隔間でのドラムの回転移動距離が短い場合にのみ自己運動が知覚されることを示し，この様な刺激状況がドラムがスムースに回転していると知覚されるために必要な刺激条件と一致することから，ベクション知覚の前提条件として，視覚刺激の物理的に円滑な運動ではなく，その知覚された運動の滑らかさが必要であると考えた。

また，β運動以外の視覚刺激の知覚された運動によってもベクションが生起することが知られている。Reinhardt-Rutland（1982）は，渦巻き様の視覚パターン（スパイラルパターン）を回転させることによって，視覚刺激の拡大・縮小が知覚される刺激場面を設定し，実験参加者にその刺激パターンを観察させた。この様な刺激を観察した実験参加者は，刺激の物理的な運動である回転運動に対応した自己運動（視線方向を軸とした回転運動）を知覚するのではなく，パターンの知覚的な拡大・縮小運動に対応した自己の前後方向への運動を知覚した。加えて，Howard & Heckman（1989）は，視覚パターン間の相対運動に

よる静止パターンの見えの運動（contrast-motion）に対応したベクションが生起する刺激布置を報告している。

さらに，Gurnsey, Fleet & Potechin（1998）は2次運動（second-order motion）を用いてベクションが誘導可能であることを示した。通常，視覚刺激の運動は，時空間領域内での輝度勾配によって定義され，フーリエ分析によってそのエネルギーを算出することが可能である。しかしながら我々は，コントラスト変調によって規定されたストライプパターンの運動や，運動によって定義された境界の運動の様に，局所的な平均輝度分布の変化をともなわない視覚刺激の運動をも知覚することができる（Cavanagh & Mather, 1989）。前者を1次運動（first-order motion），もしくはフーリエ運動（Fourier motion），後者を2次運動（second-order motion），もしくは非フーリエ運動（non-Fourier motion）と呼ぶ。両者は異なる視覚経路によって処理されることが示唆されており，それらが同様にベクションを生起させることから，ベクションの成立メカニズムは1次運動と2次運動の双方の情報処理経路から視覚運動情報を得ていると考えることができる。蘆田らは2次運動によって自己運動知覚（正確にはそれにともなう身体動揺）を誘導させるという同様の試みを行ない，2次運動では自己運動が誘導されないことを報告しているが，これは蘆田らも指摘している様に，2次運動によって定義された視覚刺激運動のもたらす運動印象が，1次運動のそれに比較してかなり弱かったためであろう（蘆田・ロビン・フェルストラーテン・金子・尾島，1997；ロビン・蘆田・金子・フェルストラーテン・尾島，1997）。

以上の事例はすべて，ベクションが視覚刺激の物理的な運動によって規定されるのではなく，その知覚された運動によって誘導されることを示唆している。したがって，自己運動知覚の情報は，上述した誘導運動等の運動錯視現象の処理よりも，高次な過程で処理されていると考えることができる。

3-2-3 呈示方法（両眼分離呈示）

Wolf & Held（1980）は，回転ドラムのストロボ照明の効果を計測する際に，緑色と赤色のストロボを交互に発光させ，さらに実験参加者の両眼にそれぞれ緑色と赤色のフィルタを装着することによって，左右の網膜に到達する視覚刺

激を時間的に分離し，ベクション知覚における左右の網膜像の運動情報の統合に関する検討を行なった。実験の結果，緑色と赤色の双方のストロボが同期して発光する場合（左右の網膜に同時に視覚刺激が呈示される条件；同時発光条件）よりも，その位相をずらした場合（左右の網膜に視覚刺激が交互に呈示される条件；交互発光条件）の方が，ベクションを引き起こすことのできる最低発光頻度がより低くなることが示された。ここで，同時発光条件と交互発光条件とでは，視覚刺激呈示の位相が異なるのみで，左右の網膜それぞれに投影される像は全く同一であることに注意しなければならない。この結果は，交互発光条件においては，両眼間の情報統合によってより低い発光頻度でもスムースなパターンの運動を知覚できることに対応しており，ベクション知覚の情報処理を担っている機構が両眼間にまたがる情報（両眼性情報；cyclopean information）を受容することが可能であることを示している。さらに上述の実験においては，先天的に両眼立体視の機能に障害のある観察者においても，同様にベクション知覚に両眼性情報が有効な役割を果たしていることが明らかにされており，自己運動知覚の情報処理において用いられる両眼性情報と，立体視に必要なそれとが別の経路で処理されていることが示唆されている。

　また，ベクション知覚における両眼性情報の統合に関しては，Sauvan & Bonnet（1993）が興味深い現象を報告している。左右の目にそれぞれ異なる速度で水平方向に運動する刺激を個別に呈示した場合に，左右それぞれの視覚刺激運動によって誘導される自己運動をベクトル加算した自己運動知覚が得られるのではなく，あたかも曲線上を進行しているかの様な自己運動の感覚（curvelinear vection）が生起し，左右の刺激間の速度差に応じてその曲率が変化して感じられる。実際に曲線路上を走行する場合には，その曲率にしたがって左右の視野の流動速度が変化する。上述の現象は，両眼性情報に基づいた視覚情報と自己運動知覚との妥当な対応付けがなされていることを示唆するものである。

3-2-4 刺激運動速度

　これまでのさまざまの検討によって，ある一定の速度までは視覚刺激の運動速度の上昇にともなってベクションの強度評定値および自己運動速度評定値が

増加するが，それ以降は視覚刺激の速度変化の影響を受けないことが示されている。飽和速度は，水平方向への直線運動では1.0 m/sec（Berthoz et al., 1975），上下軸を中心とする回転運動（ヨー）では120 deg/sec（Brandt et al., 1973），その他の回転運動（ピッチおよびロール）では10 deg/sec（Held, Dicgans & Bauer, 1975）となっている。ヨー方向への回転ベクションに関しては，その視覚刺激の運動速度増加にともなうゲインの変化が，追跡眼球運動のそれと概略一致することから，ベクション生起のメカニズムと追跡眼球運動のそれとの関連性を想定する研究者も存在する（e. g., Brandt et al., 1973）。

ここで，例えばストライプパターンの運動速度を操作すると，視野内のある小領域をストライプが通過する時間頻度，すなわちストライプパターンの時間周波数特性も変化する。したがって，ベクション知覚が視覚刺激の運動速度の影響を受けるという事実は，ベクション強度が視覚刺激の時間周波数の関数となっていることの反映である可能性もある。しかしGraaf, Wertheim, Bles & Kremers（1990）はこの点に関し，種々の刺激特性を持つストライプパターンの運動を観察した場合のベクション強度を分析し，ベクションが時間周波数ではなく刺激運動速度に依存していることを明らかにしている。

またGraaf, Wertheim & Bles（1991）は，運動する視覚パターンを追視しながら観察する場合と，別の静止対象を凝視しながら観察する場合のベクション強度を比較し，視覚刺激が同一速度で運動する場合であっても，凝視観察において追視観察よりも強い自己運動感覚が生起することを示した。視覚対象運動を凝視観察した場合には，追視観察した場合よりも対象の知覚速度がより速いものとなることが知られている（オーベルト・フライシル現象；Aubert-Fleischl Phenomenon; Aubert, 1886; Fleischl, 1882）。上述の結果は，追視観察によって視覚パターンの運動速度がより遅く知覚され，その過小知覚されたパターン速度によってベクション知覚が弱いものとなったと解釈することができる。さらに，Wist, Diener, Dichgans & Brandt（1975）は，同一速度で運動する視覚刺激によって誘導されるベクション知覚が，観察者から刺激呈示面までの知覚された奥行き距離の増加に比例して，より強力なものとなることを示している。この結果は，同一速度の視覚パターンの運動は，知覚距離の増加にしたがってより高速のものとして知覚されることと一致する（運動速度の恒常性；

e. g., Wist, Diener & Dichgans, 1976)。これらの諸研究は，ベクション知覚強度が刺激の物理的な運動速度に依存するのではなく，その知覚される運動速度によって決定されることを示している。

通常，自己運動の速度がより速くなると，それにともなう視野流動もより速いものとなる。したがって，上述の視覚刺激速度増加にともなうベクション速度感の増加は，実際の自己運動と視覚情報との対応から考え妥当なものである。視覚刺激運動速度の効果が飽和してしまうのは，自動車等の移動手段を用いない場合には，我々の自己運動の速度がある一定の範囲に限定されることを反映しているのであろう。

3-2-5 空間周波数

Brandtらによる初期のベクション研究では，視覚刺激としてストライプパターンを用いた場合のストライプの幅，すなわち視覚刺激の空間周波数はベクションに影響を及ぼさないとされてきた（e. g., Brandt et al., 1973）。しかし以降のより詳細な検討の結果，呈示される視覚パターンの空間周波数が低い場合ほど，誘導されるベクション知覚がより強いものとなることが示されている（Bonnet & Chaudagne, 1979; Sauvan & Bonnet, 1993, 1995）。ただし，Palmisano & Gillam（1998）は，視野の中心部に視覚刺激が呈示される場合には高空間周波数パターンの方が，視野周辺部に刺激呈示がなされる場合には低空間周波数パターンの方が，より強い自己運動知覚を誘導することができることを明らかとし，空間周波数特性が，後述する刺激呈示領域の効果との間に強い交互作用を持つことを示した。

3-2-6 刺激呈示領域および呈示面積

運動刺激を呈示する視野内の領域，およびその面積が，ベクション知覚の生起に非常に大きな影響を及ぼすことが多くの研究によって報告されている。Brandt et al.（1973）は，視野中心部直径60 degの領域に運動刺激を呈示した場合には，非常に弱い自己運動しか誘導されない一方，視野中心部直径120 degをマスクしその周辺のみに運動刺激を呈示した場合には，非常に強いベクションが生起することを報告した。また，視野中心部の直径30 degの領域

に呈示された運動刺激は自己運動を全く誘導しないが，同一の刺激を観察者の正面から側方75 degに呈示した場合には比較的強い自己運動を生起させた。この様な実験結果から，ベクション知覚における周辺刺激の優位性が唱えられることとなり，後続の多くの研究者によって，同様な刺激呈示領域の効果が様々な種類のベクション知覚において確認された（e. g., Berthoz et al., 1975; Johanson, 1977）。さらに，より広い領域に運動刺激を呈示することによってより強い自己運動が知覚されること，すなわちベクション強度が刺激呈示面積に依存することも明らかにされている（e. g., Lestienne, Soechting & Berthoz, 1977）。Leibowitz, Post, Rodemer, Wadlington & Lundy（1980）は，観察者が運動刺激を観察する際に，視野の中心部のみに注意を集中させることによって観察者の視野が現象的に縮小することを利用し，実験者の教示に基づく視野縮減による運動刺激呈示領域の現象的操作が自己運動知覚に及ぼす効果を検討した。しかしながら，この様な刺激呈示領域の知覚的な操作はベクション知覚に影響を及ぼすことはなかった。

　上述した様に，これまでの研究ではベクション知覚における周辺視野の優位性が主張されてきた。しかしながら近年，それを否定する実験結果も提出されている。Post（1988）は，Brandtら（1973）の実験では刺激呈示面積の統制が不完全であったとして，同一の面積を持つ運動刺激を視野の中心部もしくは周辺部に呈示した場合のベクション強度を比較し，刺激呈示面積の影響が存在しない状態では呈示領域の効果がないことを示している。Howard & Heckman（1989）も，刺激呈示領域を変数とした実験の結果，同様な結論に達している。Howardらは，刺激呈示部位の効果の差異に関し研究者間で異なった結論が出されていることについて，次項で詳述する視覚刺激の奥行き構造の効果が関与していること，すなわち刺激呈示領域の操作にともなって視覚刺激の奥行き的な配置の認識が変容した可能性を指摘している。上述の諸実験では，この視覚刺激の奥行き認識の変化が統制されていなかったため，刺激呈示領域の効果に関して矛盾が生じていると考えられる。Andersen & Braunstein（1985）は，種々の刺激呈示領域条件においてベクションの強度と刺激の奥行き感に関する評定値が非常によく一致することを報告し，上述の考察を支持している。これらのことからAndersenらは，ベクションを駆動する知覚情報処理システム（彼

らは包囲モード (ambient mode) と呼んだ) が，視野中心部の刺激によっても活性化されることを示唆した。

また，前述のごとく，Palmisano & Gillam (1998) は視野中心部に高空間周波数の視覚刺激を呈示した場合に，強い自己運動知覚が誘導されることを見い出している。Palmisano らは，Andersen らの示唆した中心視領域への刺激呈示による包囲モードの活性化が，高空間周波数の視覚刺激によってより顕著になると考えた。

さらに，刺激呈示領域の効果を考える際には，視覚刺激運動のタイプとの対応も検討しなくてはならない。垂直もしくは水平方向への直線ベクションを誘導する視覚刺激の平行運動では，刺激呈示領域の離心度が変化しても呈示される運動刺激に変化はない。一方，身体の前進（または後退）を誘導する視野の拡大（または縮小）では，視野の中心部においては近接領域間の運動方向の変化が大きく，周辺に行くにしたがってその変化が小さくなり，視野の最周辺部においては平行運動に近い運動となる（Fig. 1-2 参照）。この問題に関連し，Stoffregen らは視野の中心部や周辺部に平行運動パターンもしくは拡大パターンを呈示し，その際に誘導される自己運動の強度を分析した（Stoffregen, 1985; Stoffregen & Riccio, 1990）。実験の結果，平行運動パターンは呈示部位によらず自己運動知覚を引き起こすが，拡大パターンは視野中心部に呈示されたときのみ効果を持った。この結果から，上述の刺激呈示領域と視覚刺激の運動タイプとが正しく対応したとき，すなわち視覚刺激の運動パターンが実際の自己運動によって得られるものに相当するときのみ，自己運動知覚が生起すると考えることができる。

上述の諸実験では，前額平行面上に呈示される視覚刺激の呈示領域を操作することによってその効果を検討している。しかしながら，日常的な環境においては，我々は自己の移動に関する視覚情報の多くを地面上のテクスチャの運動から得ている（Gibson, 1979）。Fluckiger & Baumberger (1988) はこの文脈に基づき，床面に運動刺激を呈示した場合の自己運動知覚を分析し，床面に投影された運動刺激が垂直面に投影された運動刺激よりも強い自己運動を生起させることを示している。ベクションが日常生活における自己身体運動と視覚刺激情報との関係に対応した現象であることを考えると，刺激呈示領域の効果を検

討する際に，上述の例のごとくその操作の生態学的な妥当性を考慮することには大きな意義がある。

3-2-7 刺激奥行き構造

上述した刺激呈示領域，すなわち刺激の平面的配置と同様，視覚刺激の奥行き的配置もベクションに非常に大きな影響を及ぼすことが示されている。Brandt, Wist & Dichgans (1975) は，運動刺激の背後に静止対象を呈示した場合にはベクション知覚が非常に強く抑制される一方，同じ静止対象を運動刺激の手前に呈示した場合にはベクション知覚への影響が認められないことを報告している。また，Howard & Heckman (1989) は，反対方向へ運動する2種の刺激パターンをそれぞれ異なる奥行き平面上に呈示した場合，より遠くに呈示した刺激（背景刺激）の運動と反対方向への自己運動が知覚されることを明らかにした。ベクション知覚が視覚刺激の運動とは反対方向に誘導されると仮定すると，この結果はベクションが背景刺激の運動と整合的に生起することを示している。同様に，他の多くの研究によって背景刺激が自己運動知覚をより有効に誘導することが示されており，これらの結果から，ベクション知覚においては背景刺激が支配的な効果を持つと考えられた (e.g., Delmore & Martin 1986; Ohmi & Howard 1988; Telford, Spratley & Frost 1992)。

このベクション知覚に及ぼす刺激奥行き構造の効果には，特定の奥行き手がかりのみが関与しているわけではなく，両眼視差，運動視差，動的遮蔽関係等のさまざまな奥行き手がかりを用いた実験において，同様に背景刺激優位の結論が導出されている。さらに，まったく同一の刺激属性を持つ2つのランダムドットパターンを同一奥行き距離上に重ねて呈示し，それぞれを反対方向に運動させた場合には，片方のパターンがより手前に，もう片方のパターンがその奥に位置しているかの様な印象を観察者に与える。この奥行きの印象は，観察期間中にたびたび変化し，運動パターン間の知覚される前後関係が反転する。Ohmi, Howard & Landolt (1987) は，この様な刺激状況において，より奥で運動していると知覚された刺激の運動方向と反対方向にベクション知覚が生起し，知覚される運動パターンの奥行き構造が反転することにより，自己運動方向も反転することを示した。これらの実験結果から，ベクション知覚における刺激

奥行きの効果は特定の奥行き手がかりに依存するものではなく，観察者に知覚された刺激の奥行き構造によって決定されるものであると結論することができる。したがって，自己運動知覚の情報処理過程は，視覚対象の奥行き情報に関する知覚情報処理過程の出力を入力情報として利用することの可能な，より高次な過程であると考えられる。

3-3　観察者要因

ここまで述べてきた視覚刺激要因と同様に，観察者側の要因もベクション知覚に影響を及ぼし得ることが示されている。ただし，これらの観察要因に関する検討は少なく，その効果についての知見の蓄積も十分になされているとはいい難い。以下に，これまでの検討によって明らかにされている観察要因の効果について簡単に論述する。

3-3-1　発達要因

Lee & Aronson (1974) は，11か月から18か月のちょうど立位をとることが可能となった幼児にベクションを誘導することの可能な全視野にわたる運動刺激を呈示すると，幼児がその運動に応じて姿勢を調節することを報告した。このことから，発達の比較的初期の段階において，すでに何らかの形で視覚刺激運動から身体運動に関する情報を抽出することが可能となっていることが示唆された。また，Bertenthal & Bai (1989) は，異なる月齢の乳幼児では，姿勢調節に最も大きな影響を及ぼす刺激呈示領域が前面，側面，床面と変化することを示した。これは，一人座り，這い（匍匐），つかまり立ち等の運動技能の発達によって，日常の身体運動によって経験される網膜上での視覚環境の運動が変化することと対応し，その変化に応じ利用可能な視覚情報も変化することを示している。

3-3-2　教示の効果

Lepecq, Giannopulu & Baudonniere (1995) は，7歳から11歳の児童にベクションを観察させる際に，自分の座っている椅子がしばらくすると動きだすという教示を与えた群と，椅子は動かないという教示を与えた群とを設定し，両

群間の自己運動知覚の差異を検討した。その結果，事前に自分が動く可能性があると教示した群でベクションの潜時が有意に短くなることが明らかとなった。この結果は，ベクション知覚のメカニズムが，教示によって変化する観察者の認知的な状態により影響を受けることを示す。また，実験室内で経験されるベクションが，列車に乗って別の列車の運動を観察した場合の自己運動感覚 (train illusion) よりも弱いことがたびたび指摘されている。自分が列車に乗っている場合には，観察者は当然自分の身体が運動する可能性が高いことを認識しており，その認知的な影響によって視覚刺激運動に基づく自己運動知覚がより強くなるのであろう。ただし，この認知的影響が一連の自己運動に関する知覚情報処理過程のどの段階で，どの様な影響を及ぼしているかに関しては未解明である。

3-3-3 観察者の注意配分

干川 (1998) は，身体動揺計測実験において，視覚対象に注意を向ける群と自己の身体の運動に注意を向ける群とを比較し，後者において身体動揺が弱まることを示した（注意の操作は実験者によって与えられる教示に基づいてなされた）。自己身体に注意を向けることによって，視覚情報以外の体性感覚情報等の身体運動の手がかりがより強調された結果と解釈することができる。

また，北崎・佐藤 (1999) は，反対方向へ運動する2つのランダムドットパターンを同時に呈示し（視野を横方向に分割し，上方向に運動するドットパターンが呈示される領域と，下方向に運動する領域とを交互に並べた），片方の運動パターンにのみ注意を向けた場合の自己運動知覚を分析している。実験の結果，刺激パターンの物理的な属性によらず，自己運動は常に無視したパターンの運動と反対方向に知覚され，注意を向けるパターンを変化させると，それにともない自己運動の方向も変化することが示された。この結果は，ベクションが選択的に注意を向けなかった視覚刺激の運動によって誘導されることを示しており，観察時の視覚刺激への注意の向け方によってベクション知覚が変容することを示唆するものである。

これらの研究は，複数の感覚モダリティ間での，もしくは単一モダリティ内での観察者の注意配分が，自己身体運動の知覚に大きな影響を及ぼすことを示

している。

3-4 まとめ

本節では，ベクションの現象特性，およびその生起に影響を及ぼす視覚刺激要因と観察者要因に関し，これまでの研究の成果を整理した。

3-1では，ベクション知覚の時間特性が，その成立機序と非常に深く結び付いていることを示した。したがって，ベクションの時間的特性を測定することは，視覚情報が自己運動知覚に及ぼす影響を明らかにするために有効な手法となるであろう（詳細は第5節において論じる）。

また3-2では，刺激パターンの呈示領域，すなわち視覚刺激の平面的配置と，視覚刺激の奥行き的配置が，ベクション知覚に対し決定的な影響を及ぼすことを多くの先行研究の結果から示した。このことは，視覚パターンと観察者との3次元的な位置関係が，ベクション知覚に大きな影響を及ぼすことを示している。本研究では，この視覚刺激の平面配置と奥行き配置とがベクション知覚に及ぼす影響を詳細に検討することにより，視覚情報に基づく自己運動認識のメカニズムに関し統合的な理解を得ることを目的とする。さらに，ベクション知覚が，運動，速度，奥行き構造といった視覚刺激の物理的な属性のみではなく，その知覚された属性にも大きな影響を受けることを示した。自己運動知覚の成立メカニズムを検討し，そのモデルを構築する際には，この点を考慮に入れなければならない。

さらに3-3では，ベクションに及ぼす観察者側の要因について概観し，観察者への教示の与え方や，観察者がどの様に視覚刺激に注意を払うかによって，知覚されるの自己運動感覚が大きく変化することを示した。ベクションに関する実験的な検討を行なう際には，このことを念頭に置き，実験参加者への教示等に十分な注意を払わなければならない。

●第4節 他の現象との関連

視覚刺激運動によって誘導された自己運動の知覚的印象が，他の事象に影響

を及ぼすことが多くの実験によって確認されている。以下に，ベクション知覚が他の現象に及ぼす影響について概観する。

4-1　姿勢制御

　これまでもたびたび触れたが，観察者の視野全体への一様な運動パターンの呈示は，ベクション知覚を誘導するとともに，それに随伴して観察者の姿勢制御に影響を及ぼす。Lee らはスインギングルームと呼ばれる実験装置を用い，観察者の周囲で視覚刺激を前後に動かすと，それに同期して観察者の姿勢が視覚刺激の運動と同じ方向に変位することを示した（Lishman & Lee, 1973; Lee & Aronson, 1974; Lee & Lishman, 1975）。この現象は以下の様に解釈できる。視覚刺激の運動によってそれとは反対方向への自己運動知覚が誘導され，その運動によって自分の身体が自己運動方向へ傾いて知覚される。この（知覚された）身体の傾きを補正するために，自己の身体をその傾きとは反対方向，すなわち視覚刺激の運動方向へ傾けるのである。この結果，視覚刺激の運動にともなって観察者の身体動揺が生起する。上述の考察からも明らかであるが，ベクションと視覚誘導性の身体動揺とは非常に関連性が高く，それらの視覚刺激要因に対する特性は共通するものが多い（e.g., Lee & Lishman, 1975）。

　しかしながら，Previc らは，ベクション潜時と身体動揺潜時とは高い正の相関を示すものの，身体動揺がベクションよりも早く生起することから，自己運動感覚が姿勢制御の入力となっているとする，上述のベクション知覚と姿勢制御の関係に関する考察に疑問を投げかけている（Previc & Mullen, 1990; Previc, 1992）。ベクションと姿勢制御の情報処理過程は，同一の感覚入力を受け，その下部構造のかなりの部分を共有していると考えられるが，それらは直列に配置されているのではなく，並列して処理を行なっていると考える必要があろう。

　また Tardy-Gervet, Gilhodes & Roll（1984）は，視覚刺激運動が身体の運動制御に及ぼす影響に関連した興味深い現象を報告している。観察者の前腕部の背後に運動刺激を呈示すると，自分の腕が視覚刺激の反対方向へ運動して知覚され（身体部位ベクション；segmentaly vection），それを補正するために刺激運動方向への前腕部の運動が生じる。この現象は，上述した自己運動知覚と姿

勢制御との関係が，限定された身体部位に視覚刺激を呈示した場合においても生じることを示している。同様のことが他の身体部位にも当てはまるならば，頭部，体幹，脚部の運動知覚それぞれが視覚刺激の運動によってどの様に影響を受け，それらが自己身体全体の運動としてどの様に統合されるのか，または歩行やリーチング等の行動にどの様な影響を及ぼすのかについてより詳細に検討を進める必要が生じよう。Previcらによって，ベクション知覚が観察者の指示行動（pointing behavior）に大きな影響を及ぼすことが報告されているが（Previc & Donnelly, 1993; Previc, Kenyon, Boer & Johnson, 1993），この問題に関しても，運動刺激の影響を身体全体の運動と腕の運動とに分離して考える必要がある。

4-2 動揺病

ベクション観察中に，観察者がめまいや吐き気などの動揺病（motion sickness）に類似した症状を訴えることがよくある。ドライビングシミュレータの使用やパノラマ画像観賞中にも同様の酔い症状が生起することが知られており，それぞれシミュレータ酔い，パノラマ酔いとも呼ばれる。乗物酔いの成立機序に関する学説として最も広く受け入れられているものに感覚混乱説（sensory conflict theory; Reason & Brand, 1975）がある。この感覚混乱説によると，動揺病は以下の様に説明される。乗り物による移動やそれにともなう振動等によって，自己の運動に関する複数の感覚間の情報が矛盾する状況が生じる。通常の場合には，自己運動認識に関与する感覚情報が正常に統合され，安定した自己運動の知覚が達成されるのであるが，感覚情報間の関連が通常のものとは大きく異なってしまう様な場合には，中枢系においてその統合が困難となり，感覚統合過程の再編成が必要となる。この再編成は，感覚混乱という異常事態に対する警報の意味をもつ自罰的な不快症状をともなう。前述した様に，ベクション観察場面においては，視覚情報は自己運動を伝える一方，平衡感覚および体性感覚情報は自己の静止を示すという感覚情報間の矛盾が存在する。したがって，ベクション観察場面における動揺病類似症状も，上述の感覚混乱説の枠組みで説明することが可能である。

4-3 視覚対象の運動知覚への影響

4-3-1 ベクション知覚が対象運動知覚に及ぼす影響

　ベクションによる自己身体の運動感覚が，視覚対象の運動知覚に影響を及ぼすことが報告されている。Heckman & Howard（1991）は，ベクション観察中に静止光点を呈示しそれを注視させると，自己身体の運動とともに静止光点の自己運動方向への運動が知覚されることを示した。彼らはこの静止光点の運動知覚を，ベクション随伴性誘導運動（vection entrained induced motion）と呼び，通常の視覚対象間の相対運動によって生起する誘導運動（e.g., Dunker, 1929）とは異なるメカニズムで生起すると考えた。ベクション観察中には物理的には実験参加者の身体は静止しており，静止光点の網膜像も網膜上で静止したままである。しかしながら，ベクションが誘導されることによって，観察者は自己の身体が環境内で運動していると認識する。観察者が空間内で運動しており，かつ外界の対象の網膜像が網膜上で静止しているという双方の条件を満足するのは，外界で視覚対象が運動しており，それに追従する様に観察者が身体運動を行っている場合のみである。この様にして，ベクション生起に付随する静止光点の自己運動方向への運動知覚の生起を整合的に理解することができる。

　ベクション随伴性誘導運動は，ベクションの生起方向と同方向，すなわち視覚パターン運動方向と逆方向に生起する。したがって，誘導刺激の運動と逆方向に生起する通常の視覚対象間の相対運動による誘導運動と同一の方向性を持ち，現象特性のみからその両者を区別することはできない。しかし，Heckman & Howard（1991）は，両者が異なる奥行き的配置の視覚刺激によって最も強く誘導されることから，ベクション随伴性誘導運動と通常の誘導運動とを分離可能であるとしている。すなわち，通常の誘導運動は，運動刺激と静止対象とを同一の奥行き平面上に呈示した場合に最もその効果が大きくなるが（Gogel & MacCracken, 1979），前述の様にベクションは運動刺激がより奥に呈示された場合に強くなるので，ベクション随伴性誘導運動もその様な刺激配置で大きな効果を持つ。また，Previc & Donnelly（1993）はベクションに付随する誘導運動と通常の誘導運動が，視覚刺激へのポインティング課題に及ぼす影

響を分析し，それらが異なる影響を持つことを示している。これらの実験結果から，双方の型の誘導運動が異なる成立機序および特性を持つとするHeckmanらの主張を妥当なものであると考えることができる。

4-3-2 自己運動中の位置の恒常性知覚

自己運動と対象運動との関係に関する他の重要な問題として，以下に述べる自己運動中の視覚対象の位置の恒常性知覚（position constancy）を挙げることができる。我々は常に身体，頭部，眼球を運動させることにより，外界の情報を能動的に探索している。これらの運動によって，外部環境に対する眼球の位置および方位は時々刻々と変化しており，それにともない外界の静止対象の網膜像は網膜上で激しく運動することとなる。一方，外部環境内で円滑な運動を行なっている視覚対象を追視する場合には，その運動対象の網膜像は中心窩上で運動しない。この様に，外界の視覚対象の運動とその網膜像の運動との対応は，眼球運動を含む観察者の身体運動の状態によって種々に変化する。しかしながら，我々は身体運動の如何にかかわらず，外界の対象の真の運動に正しく対応した認識を行なうことができる。この自己運動中の対象の運動の恒常的知覚を達成するためには，自己の身体運動に関する情報を用いて視覚対象の網膜像運動の情報を補正する過程を想定する必要がある。その様な知覚情報処理過程は比較相殺過程（cancellation process）と呼ばれ，視空間の安定性保持機構として古くから多くの研究者により検討されてきた（e.g, Helmholtz, 1866; Sherrington, 1918; Holst, 1954; Matin, 1986の総説を参照のこと）。

比較相殺過程研究における主たる興味は，その長い研究史を通じ，視覚情報処理機構がどの様にして眼球運動情報を利用しているのかにおかれてきた。この問題に関しては，大別して以下に述べる2つの立場がある。Helmholtz (1866) は，眼球運動情報として，眼球運動の制御中枢における眼球運動の命令情報（動眼指令情報；eye-movement command information）が用いらられると仮定した。日常場面では，眼球運動が外的要因によって阻害されることはなく，眼球運動量は中枢における眼球運動の指令によって一意に決定されると考えられる。したがって，動眼指令情報と実際の眼球運動とは量的に対応しており，動眼指令情報をそのまま眼球運動情報として用いることが可能である。一

第1章 序　論

方，Sherrington（1918）は，動眼筋収縮にともなう筋紡錘の神経興奮，すなわち動眼筋それ自体の自己受容感覚が眼球運動情報として用いられると考えた。筋紡錘の興奮の度合は，動眼筋収縮の強度によって決定され，眼球運動量と1対1対応を持つ。したがって，自己受容感覚によって眼球位置の情報を得ることが可能である。上記2つの学説は，その仮定する眼球運動情報の情報源の違いにより，それぞれ流出説（outflow theory）および流入説（inflow theory）と呼ばれている。流入説では動眼筋の自己受容感覚情報のボトムアップ的な関与を想定しているのに対し，流出説では動眼指令中枢からのトップダウン的な関与を考えていることを特徴とする。これまで，眼球運動情報の情報源について，上記の2つの立場から盛んな議論がなされてきたが，受動的眼球運動や動眼筋麻酔事態等における運動知覚の分析により，現在では流出説が一般的に支持されている（詳細な議論に関しては中村（1992）を参照のこと）。

　しかしながら，近年，眼球運動の情報を提供することのできるもう1つの潜在的な情報源として，視覚的背景刺激の関与についての議論がなされはじめた（Rogers, 1988; Brenner, 1991）。日常的な観察状況においては，背景，すなわち視野の大部位を占める大きな領域が全体的に運動することはまれであり，そのような背景刺激の網膜像の運動は，背景刺激自体の外界での運動によるものではなく，眼球運動を反映した見かけ上のものであると考えることができる。したがって，背景刺激の網膜像運動は，その運動方向とは逆方向への同一速度の眼球運動を指し示す情報となりえる。Wertheim（1987）はこの議論に基づき，比較相殺過程に入力される眼球運動情報が，従来想定されてきた動眼指令情報のみではなく，視覚的な背景刺激の運動によっても影響を受けるというモデルを提出した（Fig. 1-3）。またNakamura（1996）は，Wertheimのモデルに基づき，眼球運動中の位置の恒常性の部分的な喪失現象であると考えられる追跡眼球運動による追視対象の運動速度の過小視現象（オーベルト・フライシル現象；Aubert, 1886; Fleischl, 1882）に及ぼす背景刺激運動の影響を検討することによって，背景刺激が眼球運動情報におよぼす影響を分析した。その結果，背景刺激の呈示，およびその属性（輝度コントラスト，空間周波数）の操作が比較相殺過程に登録される眼球運動情報に量的な影響を及ぼすことが示され，Wertheimのモデルの妥当性が確認された。さらにNakamura（1997）は，上記

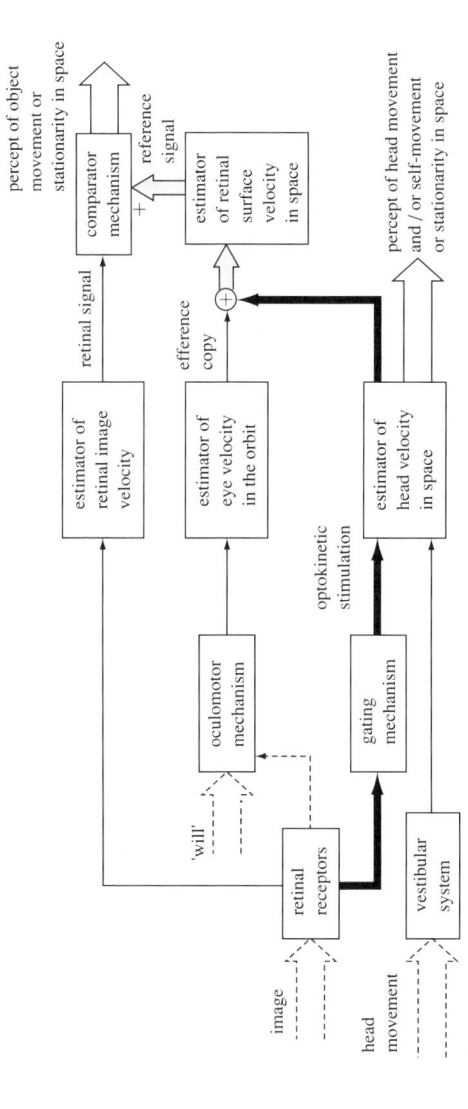

Fig. 1-3 Schematical representation of Wertheim's model indicating that eye-movement information is composed of both retinal (optic flow) and extra-retinal (outflow) information (Wertheim, 1987)

の実験結果に基づき，眼球運動情報が動眼指令情報および背景刺激運動情報の重み付け加算によって算出される過程を分析し，両情報が統合される際の相対的な効果の強さ（重み）を定量的に明らかにした。

　本節では，観察者の身体運動が視覚対象の運動知覚に非常に大きな影響を及ぼすことを示した。前節で述べた視覚刺激の見えの運動が自己運動知覚に及ぼす影響とあわせて考えると，視覚対象運動に関する情報処理と自己運動に関する情報処理とが独立に存在するのではなく，双方の情報処理の間に相互作用が存在し，両者の間で密接な双方向の情報の伝達がなされていると考える必要があろう。したがって，自己運動知覚の成立メカニズムに関し議論を行ない，そのモデル化を図る際には，視覚対象の運動知覚の情報処理プロセスとの間の相互の関連性を記述できるものとしなければならない。この問題に関しては，第6章において詳細な議論を行なう。

●第5節　実験的検討

5-1　目的と構成

　ここまで議論した様に，ベクション知覚は視覚情報が観察者の自己運動知覚に大きな影響を及ぼすことを端的に示す知覚現象として多くの研究者に取り上げられ，その分析によって，我々の環境への行動的適応に必要不可欠な自己運動知覚の成立機序に関し有益な知見が積み重ねられてきた。これまでの研究によって，刺激呈示領域，すなわち視覚刺激の平面的配置と，その奥行き的配置とがベクション知覚に決定的な効果を持つことが示されている。このことは，観察者と視覚刺激との間の3次元空間内での位置関係が，自己運動に関する知覚情報処理過程に非常に大きな影響を及ぼすことを示している。

　本章第3節において述べた様に，視覚刺激の空間配置がベクションに及ぼす影響に関しては，これまで多くの知見の蓄積がなされてきた。しかしながら，刺激呈示領域と刺激呈示面積との間の交互作用を記述するのに有効なデータが存在しないなど，その条件分析は十分になされているとはいい難く，周辺刺激

の優位性を支持する実験とそれを否定する実験とが混在するなど，実験間で視覚刺激要因に関して矛盾する結論が導かれている事例も存在する。また，視覚刺激の奥行き構造の効果に関しては，背景刺激の優位性が重要視されるあまり，前面刺激の効果に関しては体系的な分析がなされていないなど，その検討の不十分さを指摘することができる。さらには，視覚刺激の平面的配置と奥行き的配置との間の交互作用を直接検討した研究はほとんどない。そこで本研究では，視覚刺激の呈示領域とその呈示面積（第2章），および視覚刺激の奥行き構造（第3～第5章）が，自己運動知覚にどの様な影響を及ぼすのかを詳細に検討し，ベクション知覚における視覚刺激の3次元空間内での配置の効果に関し総合的な考察を行なうことを目的とする。視覚刺激の空間配置に関する個々の要因を詳細に検討していくことにより，各々の要因が自己運動知覚のプロセスにおいてどのような役割を果たしているのか，さらには，視覚刺激の平面的配置と奥行き的配置との間にどの様な交互作用が存在するのか等を明らかにすることが可能となろう。これらの検討によって，視覚情報に基づく自己運動認識のメカニズムに関し，より深い理解を得ることが可能となる。また，本研究の総合討論（第6章）において，これらの実験的検討の結果，およびこれまでの心理学的・生理学的実験結果に基づき，自己運動および対象運動認識に関する統合的なモデルの構築を行なう。

5-2　測定指標

これまで重ねられてきた自己運動知覚研究において，多くの研究者が多様なベクション強度の測定指標を用いてきた。それらの中で代表的なものは，潜時や持続時間等のベクションの時間特性に関するものであろう。先述した様に，ベクションの潜時は，視覚情報とその他の感覚情報との間の自己運動に関する矛盾を解消するために必要な時間であると考えることができる。したがって，視覚情報の影響が大きくベクション強度が強い場合には，その潜時が短くなる。また，視覚情報による自己運動知覚の誘導が弱い場合には，その他の情報からの阻害によってベクション知覚が刺激呈示中に中断されることがある。視覚刺激の効果が強く，より強いベクションが生起している場合にはその様な中断は生じない。したがって，前述の潜時とあわせて考えると，ベクション強度が強

い場合にはその持続時間が長くなる（潜時が短くなり，中断が生じない）。この議論に基づき，これらのベクションの時間特性をベクション強度の指標として用いることが可能である。しかしながら，ベクションの時間的指標とそのマグニチュード推定法による強度評定値との間に差異が生じる場合がある。例えば，視覚刺激の運動速度はベクションの強度評定値には影響を及ぼすが，潜時には影響を及ぼさないことが示されている（e. g., Brandt, Dichgans & Koenig, 1973）。おそらく自己運動の強度評定値と潜時とでは，ベクション強度の異なる側面を反映しているのであろう。したがって，ベクションの生起強度を計測する際には，ベクションの時間的指標とその強度評定値の双方を測定指標として用いることが望ましい。またベクションの時間的指標である潜時と持続時間とを比較すると，前者はベクション知覚中にその中断が生じたか否かの情報は持ちえないが，後者にはベクション中断の情報と潜時の情報の双方が含まれることとなる。刺激条件設定上の要求によって，視覚刺激の影響が弱くベクションの生起強度が弱い状況での分析を行なう必要性を考えると，測定指標としては持続時間の方が適切である。

　ベクション強度に関するその他の指標としては，身体動揺や指示行動（ポインティング）等の行動的指標が挙げられる。これらは運動刺激の呈示が観察者の自己運動知覚に影響を及ぼし，その知覚された自己運動が上記の行動に影響を及ぼすことを前提としている。また，ベクションとは反対方向に実際に観察者の身体を運動させることによって自己運動感覚を相殺し，自己運動が感じられなくなった場合の実際の身体運動速度を視覚刺激によって誘導された自己運動速度であると見なすことも可能である。この相殺に基づくベクション強度の測定手法（null method）では，実際の観察者の身体運動速度を上下法等の心理物理学的測定法に基づき設定することによって，ベクションの強度を体系的に計測することが可能である。これらの行動指標や相殺法によるベクション強度の測定は，先に述べた時間的指標や強度評定値が観察者の内的な判断基準に影響を受けやすいことに比べ，観察者の主観的判断が介在しにくく，その意味においてより客観的な測定指標であるということができよう。しかしながら，ベクション知覚が観察者の行動に及ぼす影響や，実際の観察者の身体運動によって生じる平衡感覚情報とベクションを誘導する視覚情報との相互作用に関して

は未解明な点が多く,これらの行動指標を直接観察者の自己運動知覚の指標として用いることには問題が残されている。

　以上の議論に基づき,本研究においてはベクション強度の指標として持続時間と強度評定値を用いることとする。これらの指標には,上で述べた様に実験参加者の内的基準に影響を受けやすいという欠点があるが,課題に対する十分な訓練を実施し安定した測定を可能とすること,結果の実験参加者間の差異ではなく条件間の差異を問題とすること,さらには必要に応じ被験者間の差異を補正するために測定結果の標準化を行なうこと等によって上述の問題を回避し,より安定したベクション強度の測定が可能であると考える。

第2章
視覚刺激の呈示領域およびその面積の効果[*1]

本章では，視覚刺激の呈示領域および呈示面積の操作がベクション知覚に及ぼす影響を検討する。

●第1節　実験1-1

1-1　目的

序論においても述べた様に，従来のベクション研究では，刺激呈示領域の離心度が増すにしたがってより強い自己運動が誘導されることから，周辺領域への運動刺激呈示が中心領域への呈示よりもベクション誘導に強い効果を及ぼすとされてきた（e.g., Brandt, Dichgans & Koenig, 1973）。しかしながら，Post (1988) による詳細な検討によって，中心刺激と周辺刺激との呈示面積が等しい場合には，両刺激とも同等の効果を持つことが示された。その後も，中心刺激の運動はベクション知覚を誘導し得ないとする，伝統的に支持されてきたベクション知覚における周辺刺激優位性に対し，否定的な結果を提出する研究が報告されてきている（e.g., Andersen & Braunstein, 1985; Palmisano & Gillam, 1998）。したがって，ベクション知覚に及ぼす視覚刺激の呈示領域の効果に関しては，未だ明確な結論は得られていないと考えざるを得ない。さらに，

[*1] 本章の内容の一部は，Nakamura & Shimojo (1998a) および Nakamura (2001) において報告された。

第2章　視覚刺激の呈示領域およびその面積の効果

上述した刺激呈示領域の効果を検討する諸実験では，刺激呈示面積が体系的に操作されておらず，刺激呈示領域と刺激呈示面積との間の相互作用に関する検討はなされていない。そこで本研究では，さまざまな面積を持つ中心部刺激および周辺部刺激によって誘導される水平方向への直線ベクションの強度を分析することによって，刺激呈示領域および刺激呈示面積の効果，特にその間の相互作用について検討を加える。

1-2　方法

1-2-1　装置と刺激

視覚刺激はグラフィクスワークステーション（Silicon Graphics IRIS-320VGX）によってリアルタイム描画され，スキャンコンバータ（Chromatics 9110）によってビデオ信号に変換された後，ビデオプロジェクタ（Sony Tektronix 4190）によって縦115 cm，横200 cmのスクリーン上に投影された。

視覚刺激は左から右に水平運動するランダムドットパターンであり，その運動速度は50 deg/secであった。パターン内の各ドットの輝度は12.4 cd/m^{2}であり，ドット密度は0.02ドット/deg^{2}であった。刺激パターンは後述する刺激条件にしたがって，スクリーンの一部もしくは全体に呈示された。パターン内の各ドットが刺激呈示領域の端に到達した場合には，そのドットを消去し，反対端の対応する位置から再出発させた。スクリーンの中央には縦横1 degの注視点（十字図形，輝度12.4 cd/m^2）を呈示した。

1-2-2　刺激条件

実験条件として2種類の刺激呈示方法を設定した。中心刺激条件では，スクリーン中央の円型領域のみに運動パターンを呈示した。一方，周辺刺激条件では，スクリーン周辺部の円環様領域のみに運動パターンを呈示した。さらに，中心および周辺刺激の呈示面積を変化させるために，中心刺激における刺激呈示部分，および周辺刺激における刺激非呈示部分の半径を操作した（周辺刺激の外縁は常にスクリーン端によって規定された）。中心部刺激の半径として25, 35, 45 deg，周辺刺激の内縁半径として10, 20, 30 degのそれぞれ3水準が設定された。半径が30 degを超える条件では，中心刺激における刺激呈示部

分，および周辺刺激における刺激非呈示部分の直径がスクリーンの縦の長さを超えるため，実際には中心領域は円形とならず，周辺領域は左右の領域に分割されることとなる。刺激呈示面積はそれぞれの半径条件において，中心刺激では1963, 3603, 4965 $\deg^2$，周辺刺激では5086, 4143, 2573 $\deg^2$ となった。さらに統制条件として，長方形のスクリーン全体に刺激パターンを呈示する条件を設定した（刺激呈示面積5400 $\deg^2$）。スクリーン曲率と刺激投影距離との不整合によって，スクリーン中心部と周辺部との間に若干の歪みが存在したが，最も極端な場合を比較しても大きさの差異は5％未満であり，無視できる範囲内にあると考えられた。Fig. 2-1 に実験で用いた刺激を模式的に示す。

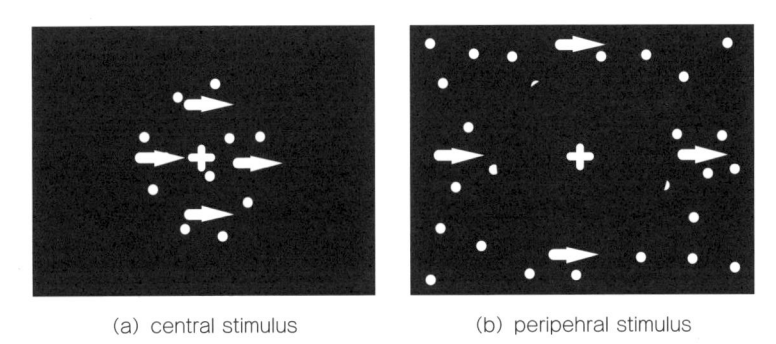

(a) central stimulus　　　(b) peripehral stimulus

Fig. 2-1 Schematical representation of the stimuli used in experiment 1-1

1-2-3 実験参加者

4名の実験参加者が実験に参加した（男性3名，女性1名；年齢25歳～35歳）。いずれの実験参加者も正常な矯正視力を有していた。各実験参加者は，実験環境や手続きに慣れるための自由なベクション観察（約1時間）を行なっており，どの様に自己運動が感じられるか等のベクションの現象的側面に関する一般的な知識を持っていたが，実験の目的については知らされていなかった。

1-2-4 手続き

実験参加者は暗室内でスクリーン手前に設置された椅子に座り，注視点を凝視しながら刺激パターンの運動を観察した。刺激呈示時間は3分間であった。実験参加者の課題は，自分の身体が運動したと感じられた場合に手元のボタン

を押して報告することであった。自己運動の感覚が継続する間ボタンを押し続け，その感覚がなくなったら直ちにボタンを放すこと，自己運動感覚が再度生起した場合には再度ボタンを押すことを教示によって徹底した。実験参加者のボタン押し反応に基づき，その試行中に生起したベクションの総持続時間を算出した。

　実験参加者の座る椅子は，実験参加者の眼の高さが100 cm，眼と注視点との間の距離が100 cmとなる様に設定された。また，局所的な触覚刺激はベクション強度を減衰させるとの報告（Young, Shelhamer & Modestino, 1986）を考慮し，実験参加者の頭部を特別な装置を用いて拘束することはせず，椅子の背もたれ部分によって実験参加者の身体姿勢を保持するにとどめた。また，実験参加者はその視野を縦60 deg，横90 degに制限するゴーグルを装着した。このゴーグルによって，実験参加者はスクリーンに呈示される刺激パターン以外の視覚対象（例えばスクリーンの縁や実験室の壁等）を観察することを妨げられた。

　実験参加者は刺激観察終了後に，観察中に感じられた自己運動の強さを，0（全く自己運動が感じられなかった）から100（統制条件と同程度の自己運動が感じられた）までの尺度を用いて評定した。実験試行を実施する前に，各実験参加者は統制刺激を用いた観察を6回行ない，強度評定の際の内的基準を確立した。各条件の試行はランダムな順序で6回繰り返された。試行の間には十分な休息を挿入し，実験参加者に疲労が蓄積しないよう配慮した。各実験参加者は，全試行を2，3回のセッションに分けて実施した。

　以降の実験においては，特別に言及しないかぎり，上述した本実験と同一の方法を用い，同一の実験参加者が参加した。

1-3　結果と考察

　すべての実験参加者は，刺激条件に応じその強度は異なるものの，本実験において採用した全刺激設定において明瞭な自己運動を知覚した。またベクションの生起方向は，刺激呈示領域条件および刺激呈示面積条件にかかわらず，常に視覚刺激の運動とは反対方向であったことが実験参加者の内省報告によって確かめられた。

　ベクション強度の指標として，その持続時間と強度評定値とを計測した。実

験参加者間の絶対的な差異の影響を除去するため，実験参加者毎に各試行における両指標の計測値を z 変換によって標準化し，刺激条件毎に両指標の被験者間平均値を算出した。Fig. 2-2 に，標準化されたベクション持続時間と強度評定値とを，刺激呈示面積の関数として示す。持続時間と強度評定値とは，ともに刺激呈示面積の増加にともなって直線的に増大している。さらに，単位面積あたりの持続時間と強度評定値には，中心刺激と周辺刺激との間で差異は認められない。

Fig. 2-2 の両指標の変動を，刺激呈示面積の1次関数として近似するために直線回帰分析を行なった。Table 2-1 にその結果をまとめる。さらに，中心刺激と周辺刺激の間で，刺激呈示面積がベクション強度に及ぼす影響の差異を検討するために，各回帰式における回帰係数に対する t 検定を行なった。その結果，中心刺激と周辺刺激の間に回帰係数の有意な差異がないことが示された（持続時間 $t(68) = .31$, $n.s.$；強度評定値 $t(68) = .11$, $n.s.$）。この結果は，中心・周辺の両刺激呈示条件において，刺激呈示面積がベクション強度に及ぼす影響が同等であることを示している。以上の結果は，刺激呈示領域の離心度はベクション強度に影響を及ぼし得ないこと，さらには，刺激呈示領域と刺激呈示面積

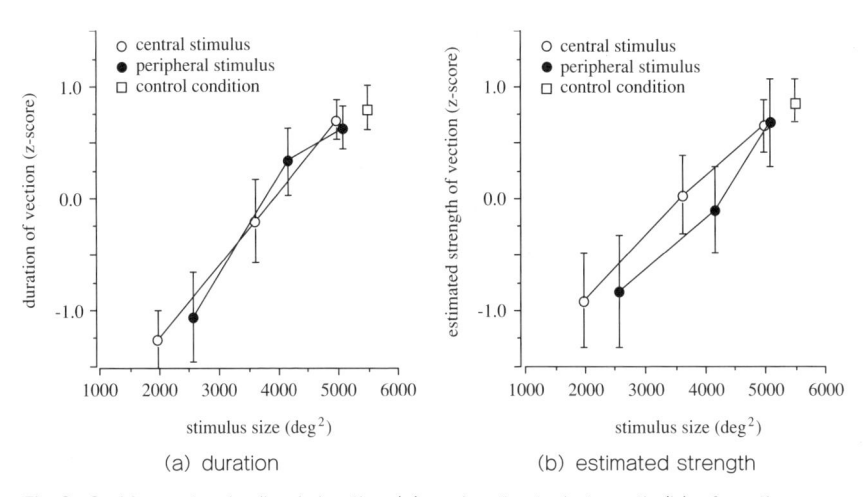

Fig. 2-2 Mean standardized duration (a) and estimated strength (b) of vection as a function of the stimulus size in the central and the peripehral stimuli (Exp. 1-1)
Note) Error bar indicates standard deviation.

Table 2-1 Summary of the linear regression analyses (Exp. 1-1)

stimulus type	measure of vection	Regression equation
central	duration	VS=6.52×10^{-4} SS-2.52
peripehral	duration	VS=6.98×10^{-4} SS-2.85
central	estimated strength	VS=5.24×10^{-4} SS-1.90
peripehral	estimated strength	VS=5.87×10^{-4} SS-2.39

Note) VS: vection strength, SS: stimulus size (deg^2)

との間の交互作用は存在せず，ベクション強度が刺激呈示領域にかかわらずその面積によって決定されることを示している。

刺激呈示の視野内分布（中心・周辺）がベクションの規定因になり得ないとする本実験の結果は，刺激呈示面積が同一ならば中心刺激の効果と周辺刺激の効果が同等であるとしたPost（1988）の結論と一致するものである。この結果は，視野の周辺部と中心部とに異なる機能を想定し，自己運動認識にかかわる情報処理機能が周辺視野に局在すると考える，これまでベクション知覚に関し一般に受け入れられてきた考えの修正を迫るものである。

しかしながら，ベクション知覚における刺激呈示領域の効果に関し結論を下す前に，検討しておかなければならない2つの問題が残されている。第1には，序論においても言及した様に，刺激呈示領域の操作によって視覚刺激の奥行き構造の印象が共変し，この奥行き印象の変化によってベクション知覚が影響を受けた可能性である。Howard & Heckman（1989）は，中心部のみに刺激を呈示した場合には，運動する物体が視野中央手前にあり，その背後に静止した視野領域が広がっているという印象が生じ，反対に周辺部のみを刺激した場合には，視野中央手前に静止対象があり，その背後に運動領域が広がっているという印象が生じやすいとしている。本実験においても，一部の実験参加者が，周辺刺激条件において上述の様な奥行き印象が生起する試行があったことを報告している。この様な視覚刺激の奥行き印象の変化は，ベクション知覚に非常に強い影響を及ぼすことが指摘されており（e.g, Ohmi, Howard & Landolt, 1987），本実験において分析した刺激呈示領域の効果にもその影響が混入していた可能性がある。本実験においては刺激呈示領域がベクションに対し効果を持たないとする結果を得ているが，その一般性を保証するためには，奥行き印

象の効果が介在しない状況下において刺激呈示領域の効果を再検討する必要があるだろう。

また，本実験において用いた視覚刺激では，刺激呈示領域の検討を行なってきた従来の実験と同様，中心刺激条件におけるスクリーン周辺部，および周辺刺激条件におけるスクリーン中心部には何も刺激パターンが呈示されなかった。この様な特殊な刺激設定が，刺激呈示領域の効果の検出を困難なものとした可能性がある。もし，自己運動知覚に関する情報処理過程が，視覚情報から自己運動を算出する際のゲイン（視覚刺激運動速度とそれに基づき知覚される自己運動強度との比）を，刺激状況に応じて適応的にコントロールしていると考えるならば，上述の刺激設定を用いて刺激呈示領域の効果を正しく評価することは不可能となる。なぜならば，仮に周辺刺激がベクション知覚に対し支配的な影響を及ぼしているとしても，視野の中心部のみに視覚刺激が呈示され周辺部に視覚手がかりがない様な状況では，自己身体の空間定位を安定化させるため，中心部に呈示された視覚情報に対するゲインを上げなければならないからである。この様な適応的処理の結果，中心刺激と周辺刺激との効果が見かけ上均一になった可能性が考えられる。

そこで以下の３つの実験において上述の問題について検討し，刺激呈示領域がベクション知覚に及ぼす影響に関し，より詳細な分析を加える。

●第２節　実験１-２

2-1　目的

本実験では，実験１-１において検討した刺激呈示領域の効果に，呈示領域操作による刺激の奥行き印象の変化の影響が含まれていたか否かを検討する。この目的のために，視覚刺激に両眼視差によって明示的に定義された奥行き情報を付加し，視覚刺激の奥行き印象が呈示領域操作によって変化することを防ぐことを試みた。具体的には，運動パターンの手前に，スクリーン全体に静止パターンを呈示することとした。この様な刺激設定を用いることによって，中

心・周辺両刺激とも同様に静止パターンの後方に位置していると認識され，刺激呈示領域の差異によって刺激の奥行き印象が変化しないことが期待される。

2-2　方法

2-2-1　装置と刺激

　刺激パターンに両眼視差を与えるために，実験1-1において用いた刺激呈示システムに立体視機能（時分割方式による左右眼への独立呈示機能）を追加した。ビデオプロジェクタの前面に液晶シャッタによって偏光方位を変化させる偏光フィルタを設置し，さらに実験参加者が装着するゴーグルの前面にも偏光フィルタを貼付した。グラフィクスコンピュータによる刺激描画の際に，実験参加者の左右の眼に呈示するための画像を交互に描画し，それに同期して液晶シャッタを操作した。観察者が偏光フィルタを通して刺激を観察することによって，右眼のみ，もしくは左眼のみに正しく設定した刺激を呈示することが可能となった。

　視覚刺激は，運動パターンと静止パターンの2つのランダムドットパターンから構成されていた。運動パターンは実験1-1と同様，スクリーンの中心部もしくは周辺部のみに呈示された。静止パターンはスクリーン全体に呈示された。静止パターンには，スクリーンの手前15 cmに位置して知覚される様，視角36 minの交差視差が与えられた。一方，運動パターンには両眼視差が付与されず，スクリーン上に位置する様に知覚された。運動パターンの運動速度，および各ドットの輝度，ドット密度等のパラメータは実験1-1と同じであった。また，実験1-1と同様，スクリーン中央に注視点を呈示した。Fig. 2-3に実験1-2において用いた刺激布置を模式的に示した。

2-3　刺激条件

　実験1-1と同様に，中心刺激条件と周辺刺激条件の2種類を刺激呈示条件として設定した。また，中心刺激の半径および周辺刺激の内縁半径を，10, 20, 30, 40 degのそれぞれ4水準設定した。刺激呈示面積はそれぞれ，中心刺激では316, 1260, 2830, 4300 deg^2，周辺刺激では5090, 4140, 2570, 1100 deg^2となった。各刺激条件の試行とも，ランダムな順序で6回くり返した。

第2節　実験1-2

(a) central stimulus

moving pattern　stationary pattern

(b) peripehral stimulus

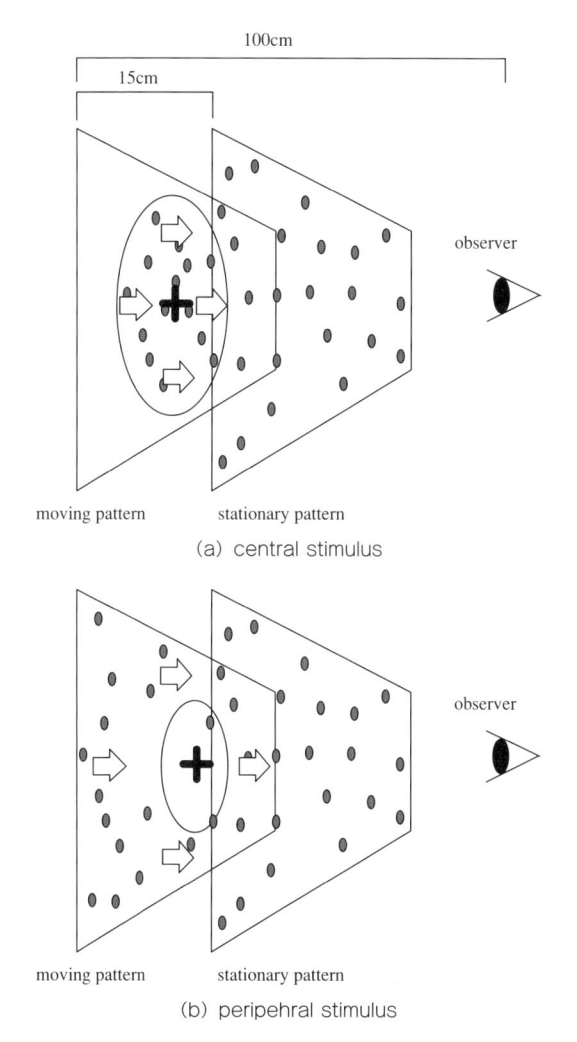

moving pattern　stationary pattern

Fig. 2-3 Schematical representation of the stimuli used in experiment 1-2

第2章 視覚刺激の呈示領域およびその面積の効果

2-4 結果と考察

実験1-1の結果の整理と同じく,実験参加者毎にベクション強度の指標である持続時間と強度評定値とをz変換によって標準化し,実験参加者間平均値を算出した。Fig. 2-4に,中心・周辺両刺激呈示条件におけるベクション持続時間と強度評定値とを,刺激呈示面積の関数として示した。持続時間と強度評定値がともに刺激呈示面積の増加にともなって直線的に増大している。また,単位面積あたりのベクション強度は,中心刺激と周辺刺激とでほぼ等しくなっていることがわかる。実験1-1と同様に,Fig. 2-4の各関数に対し直線回帰分

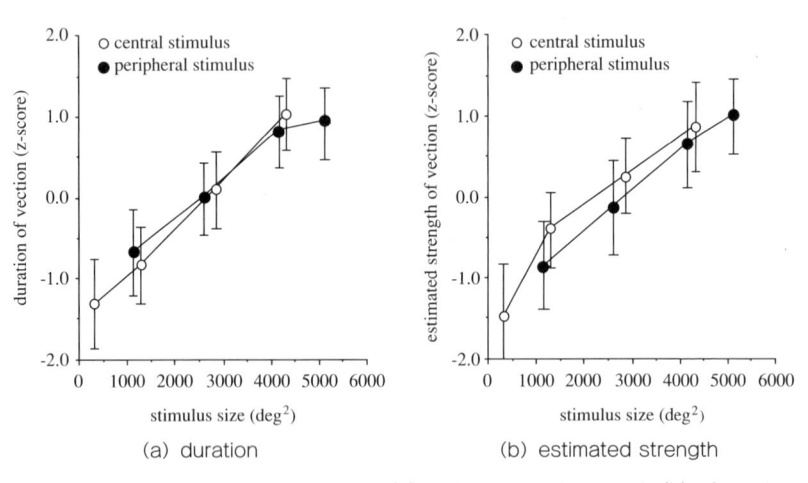

Fig. 2-4 Mean standardized duration (a) and estimated strength (b) of vection as a function of the stimulus size in the central and the peripehral stimuli (Exp. 1-2)

Table 2-2 Summary of the linear regression analyses (Exp. 1-2)

stimulus type	measure of vection	Regression equation
central	duration	$VS = 5.89 \times 10^{-4} SS - 1.52$
peripehral	duration	$VS = 4.21 \times 10^{-4} SS - 1.27$
central	estimated strength	$VS = 5.51 \times 10^{-4} SS - 1.38$
peripehral	estimated strength	$VS = 4.76 \times 10^{-4} SS - 1.36$

Note) VS: vection strength, SS: stimulus size (deg^2)

析を行なった。Table 2-2 にその結果をまとめる。中心・周辺両刺激間の回帰係数の差異を t 検定によって検討したところ，両指標とも中心刺激と周辺刺激との間に回帰係数の有意な差異を持たないことが示された（持続時間：$t(92)$ $=1.49$, $n.s.$；強度評定値：$t(92)=.78$, $n.s.$）。この結果は，ベクション強度に対し刺激呈示領域は影響を及ぼし得ないこと，ベクション強度は刺激呈示面積に依存しその1次関数として表現可能であることを示している。

以上の結果は，いずれもスクリーン中央もしくは周辺に運動パターンを単独で呈示した実験1-1の結果と一致するものである。本実験では，視覚刺激に両眼視差による明示的な奥行き情報を付加し，刺激呈示領域の操作によってその奥行き印象が変化することを防いだ。実験参加者の内観報告によると，全スクリーン呈示される静止パターンを手前に付加することによって，本実験で用いたすべての刺激条件において，運動パターンは視野内の最も奥に位置する視覚対象として認識され，その背後にさらなる奥行きの広がりが認識されることはなかった。したがって，本実験で検討した刺激呈示領域および呈示面積の効果には，刺激奥行き構造の知覚的な変化によるアーチファクトは含まれていないと考えることができる。本実験と実験1-1の結果が非常によく一致することから，実験1-1における周辺刺激の優位性否定という結論にも，刺激奥行き印象の影響は混入していなかった考えることができる。

本実験では，視野中心部もしくは周辺部に呈示される運動刺激の手前に静止刺激を呈示することによって，視覚刺激の呈示領域の効果を検討した。本実験では，視覚刺激の奥行き的な配置の影響をも考慮に入れ，その平面的な配置の効果を検討しており，両効果の間の相互作用を検討するための一つの試みとして位置付けることが可能であろう。視覚刺激の平面的配置である刺激呈示領域の効果と，奥行き的配置である刺激奥行き構造の効果との関係を問題とした研究はほとんどなく，唯一の例外である Howard & Heckman（1989）においても刺激呈示面積の効果が充分に分析されていないなど，その検討には多くの課題が残されている。本実験において試みた，奥行き構造を持つ視覚刺激における刺激呈示領域および呈示面積の効果の分析を重ねることによって，刺激呈示領域と刺激奥行き構造の間の相互作用を明らかにし，視覚刺激の3次元空間内での配置の効果に関しより深い理解を得ることが可能となるであろう。

●第3節　実験1-3

3-1　目的

　実験1-1の考察において，中心刺激条件では，視野周辺部に何も刺激が呈示されなかったことによって中心刺激の自己運動知覚に及ぼす効果が引き上げられ，見かけ上刺激呈示領域の効果が現われなかった可能性があることを言及した。そこで本実験では，スクリーンの中心部と周辺部とに，反対方向に運動するランダムドットパターンを同時に呈示することによって，ベクション知覚に及ぼす刺激呈示領域の効果をあらためて検討する。この様な場合には，視野の中心部と周辺部とが共に刺激されることとなるので，上述した視覚情報のゲインの適応的な制御による影響を排除することが可能である。ここで，もしベクション知覚が刺激呈示領域に全く影響を受けないならば，反対方向に運動する中心刺激と周辺刺激が同一面積となる条件において，中心刺激が誘導する自己運動と周辺刺激が誘導するそれとが相殺され，見かけ上ベクション知覚が生起しなくなるはずである。一方，中心・周辺どちらかの領域が自己運動誘導により強い影響を及ぼすのならば，その領域はより少ない呈示面積でも相対的に大きな影響を及ぼすと考えられるので，その刺激の呈示面積がより少ない条件において自己運動の完全な相殺が生じるであろう。したがって，自己運動の完全な相殺が生じた時の中心・周辺両刺激間の面積を比較することによって，両刺激が自己運動誘導に及ぼす影響の相対的な強度を検討することができる。

3-2　刺激および刺激条件

　スクリーン中心部の円形領域とそれを囲む周辺部の円環様領域に，互いに反対方向へ水平運動するランダムドットパターンを呈示した。Fig. 2-5に本実験に用いた刺激を模式的に示す。中心部刺激の半径は下述する刺激条件にしたがって設定され，周辺刺激の内縁半径は中心部刺激の半径によって，外縁はスクリーンの縁によって決定された。刺激条件として，10, 20, 30, 35, 40, 45 deg

の6水準の中心刺激半径（周辺刺激内縁半径）条件を用意した。各条件における中心刺激面積はそれぞれ，314，1256，2826，3604，4303，4965 $\deg^2$ であり，それぞれに対応する周辺刺激面積は5086，4144，2574，1796，1097，435 $\deg^2$ であった。また，中心刺激と周辺刺激との面積の差は，それぞれ−4772，−2888，252，1808，3206，4530 $\deg^2$ であった（正の値は中心刺激面積がより大きいことを示し，負の値は周辺刺激面積がより大きいことを示す）。

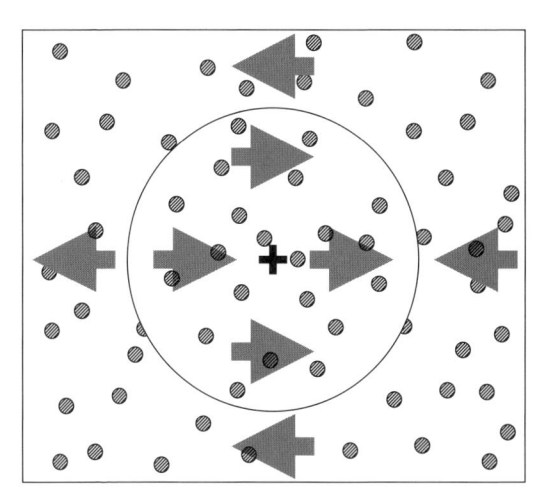

Fig. 2-5 Schematical representation of the stimulus used in experiment 1-3
Note) Boundary between central and periperal areas is indicated only for the illustration, and no such circle was presented in the real stimulus.

3-3 方法

反対方向に運動する刺激パターンの効果を測定するため，実験方法に以下に述べる変更を行なった。実験参加者は両手にボタンを持ち，自己身体運動の印象が生起した場合にはその生起方向に対応するボタンを押すことによって報告した。すなわち実験参加者は，右方向への自己運動が知覚された場合には右ボタンを，左方向への自己運動が知覚された場合には左ボタンを押した。また，本実験においてはベクションの強度評定は実施しなかった。

各刺激条件の試行はランダムな順序で6回くり返された。また，刺激運動方向の効果を相殺するために，各刺激条件の半数の試行では中心刺激が左，周辺刺激が右に運動し，半数の試行ではその運動方向を逆転させた。

3-4　結果と考察

本実験では，持続時間によって示されるベクション強度がゼロとなる刺激条件を特定することに特に重要な意義が存在する。そこで，便宜的に中心刺激に対応した自己運動（中心刺激とは逆方向への自己運動）が経験された時間に正，周辺刺激に対応した自己運動（周辺刺激とは逆方向）に負の符号を付与し，両方向への自己運動の持続時間を加算することによって，各試行におけるベクション強度の指標とした。また，本実験においては，測定データに対するz変換を行なわず，持続時間のローデータについて実験参加者間平均値を算出した（各実験参加者は同様の傾向の結果を示しており，その間の差異は無視できた）。

Fig. 2-6に，ベクションの持続時間を中心刺激と周辺刺激との面積の差の関数として示す（横軸は，中心刺激が大きくなるほど大きな正の値を，周辺刺激が大きくなるほど大きな負の値を取る）。ベクション持続時間は，中心・周辺両刺激の呈示面積の関係によって直線的に変化し，中心部面積が増大することによって正の自己運動（中心刺激に対応した自己運動）の，周辺刺激面積が増大することによって負の自己運動（周辺刺激に対応した自己運動）の持続時間が増加した。また，中心・周辺両刺激間の呈示面積の差異が少ない場合には，自己運動知覚の持続時間はごく短いものとなった。一要因分散分析によって，刺激呈示面積の有意な主効果が認められた（$F(5, 15) = 50.75$, $p < .01$）。

本実験によって，中心刺激と周辺刺激との間で面積の差異が少ない場合には，ベクション知覚がほとんど誘導されなくなることが示された。この結果は，等面積の中心領域と周辺領域に相反する方向へ運動するパターンを呈示した場合には，それぞれの刺激が誘導する自己運動が相殺され，ベクションが生起しなくなることを反映していると考えることができる。したがって本実験結果は，自己身体誘導運動知覚における中心刺激と周辺刺激との効果が同等であることを明確に示しており，ベクション誘導における周辺刺激の優位性を否定した実験1-1ならびに実験1-2の結果を再確認するものである。視野中心部と周辺

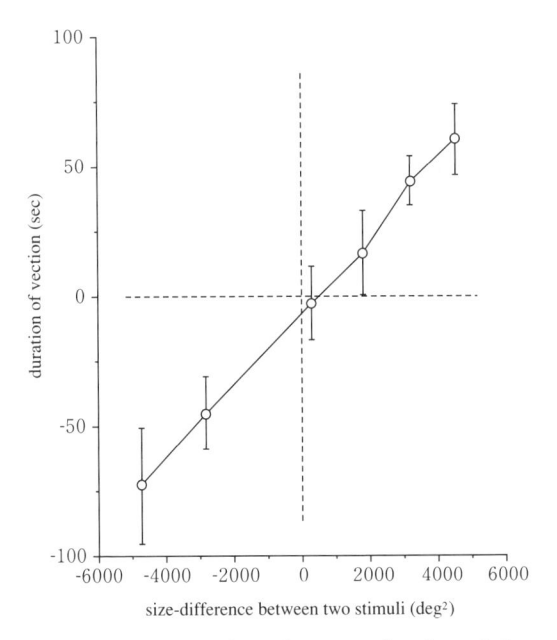

Fig.2-6 Duration of vection as a function of the size-difference between the central and the peripehral stimuli (Exp. 1-3)

部とを同時に刺激した本実験においても，ベクション知覚における刺激呈示領域依存性は認められなかった。したがって，実験1-1の結果が，視野内のそれぞれの部位しか刺激しないという刺激条件設定の特殊性に起因するという可能性は否定された。

●第4節　実験1-4

4-1　目的

これまでの検討によって，スクリーン中心部への刺激と周辺部への刺激がベクション知覚に同等の効果を及ぼすことが示された。しかしながらこれまでの実験においてはスクリーン中心部と周辺部とに，個別もしくは同時に，同一速

度で運動するパターンを呈示しており,刺激呈示領域の効果はその設定速度の刺激運動でしか確かめられていない。ここで,もし視野の中心部と周辺部において,視覚刺激の運動速度に対する応答性が異なっているならば,刺激呈示領域と刺激運動速度との間に何らかの相互作用が認められるであろう。そこで本実験では,実験1-3において検討した,相反運動により視野の中心領域と周辺領域を同時に刺激する実験設定において,中心・周辺両刺激の運動速度を個別に操作することによって,上記可能性についての検討を行なう。

4-2 刺激条件

実験1-3で用いた刺激と同様,スクリーン中心部と周辺部に反対方向へ運動するランダムドットパターンを同時に呈示した。刺激条件として中心刺激半径を3水準設定した (20, 30, 40 deg)。各条件における中心刺激面積は1256, 2826, 4303 deg^2,周辺刺激面積は4144, 2574, 1097 deg^2,両刺激間の面積の差異は-2888, 252, 3206 deg^2であった。さらに中心・周辺両刺激の運動速度条件として,それぞれ高速条件 (50 deg/sec) と低速条件 (25 deg/sec) の2水準を設定した。運動速度条件は,中心・周辺両刺激の速度の組み合わせで計4条件設定されることとなる。以降,中心高速/周辺高速条件を*FF*条件,中心低速/周辺低速条件を*SS*条件,中心高速/周辺低速条件を*FS*条件,中心低速/周辺高速条件を*SF*条件と呼ぶ。ベクションの指標として,実験1-3において述べた手法を用いて持続時間を計測した。

4-3 結果と考察

結果の整理は実験1-3に準じた。Fig. 2-7に,各速度条件におけるベクション持続時間を中心刺激呈示面積の関数として示す。すべての速度条件において,中心刺激の面積が増加するにしたがって,中心刺激の運動と対応した自己運動,すなわち中心刺激運動方向とは反対方向へのベクションの生起時間が直線的に増加した。しかしながらその増加の割合(勾配)は速度条件によって変化し,*SS*条件では刺激呈示面積の変化に対する持続時間の変化がより小さく,*FF*条件では変化がより大きくなり,*FS*, *SF*両条件ではその中間的な変化となった。さらに,*FS*条件では,中心刺激と対応した自己運動の持続時間が全体的によ

第4節　実験1-4

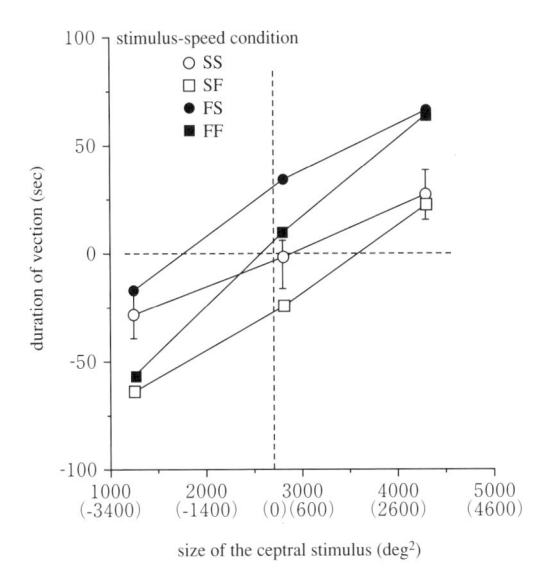

Fig. 2-7 Duration of vection as a function of size of the central stimulus in each stimulus-speed condition (Exp. 1-4)

Note) Values inside braket on abscissa indicate size-difference between two stimuli. Vertical bar indicates standard deviation in SS condition as an example

Table 2-3 Summary of the linear regression analyses (Exp. 1-4)

stimulus-speed condition	regression equation
SS	$VS = 1.89 \times 10^{-2} Ac - 52.26$
SF	$VS = 2.86 \times 10^{-2} Ac - 102.36$
FS	$VS = 2.75 \times 10^{-2} Ac - 49.65$
FF	$VS = 3.97 \times 10^{-2} Ac - 105.82$

Note) VS: duration of vection (sec), Ac: size of the central stimulus (deg^2)

り高く，SF条件ではより低くなった。2要因分散分析の結果，刺激呈示面積と刺激運動速度の両主効果，およびその間の交互作用が有意となった（それぞれ，$F(2,6)=29.55$, $p<.01$；$F(3,9)=17.89$, $p<.01$；$F(6,18)=20.19$, $p<.$

01）。また，各運動速度条件におけるベクション持続時間を中心刺激呈示面積の1次関数として表現するため，各速度条件ごとに直線回帰分析を行なった。結果を Table 2-3 にまとめる。

次に，各速度条件において自己運動知覚の持続時間がゼロとなる，すなわち中心刺激が誘導する自己運動と周辺刺激が誘導する自己運動とが完全に相殺される条件について検討する。Fig. 2-7 に示したグラフより，中心刺激と周辺刺激の刺激運動速度が等しい条件（*SS* 条件，*FF* 条件）では，両刺激間の呈示面積の差がほぼゼロ，すなわち中心刺激がスクリーン面積の1/2となる場合であることが理解できる。この結果は実験1-3の結果と一致している。一方，中心・周辺両刺激の運動速度が異なっている場合には，*FS* 条件ではスクリーン面積の約1/3を，*SF* 条件では約2/3を中心刺激が占める場合において（それぞれ面積差約 -1800, $1800\,\mathrm{deg}^2$），自己運動が生起しなくなる。この自己運動知覚が生起しなくなる場合の中心刺激と周辺刺激との面積比は，高速・低速両刺激運動速度の比と一致している（$2:1 = 50:25$）。したがってこの結果は，2倍の速度で運動する視覚刺激が誘導する自己運動感覚を打ち消すためには，2倍の刺激呈示面積が必要となることを示している。

ここで，刺激運動速度がベクション強度に及ぼす影響を検討した予備実験の結果から，本実験において設定した刺激速度の範囲内では，持続時間で表されるベクション強度が刺激運動速度の1次関数として表現できることが明らかにされている。したがって，刺激運動速度が2倍になれば，それによって誘導される自己運動の強度も2倍になると考えることができる。また，これまでの検討からベクション強度は刺激呈示面積の1次関数となっていることが明らかである。

そこで，本実験において中心・周辺両刺激がそれぞれ誘導する自己運動の強度を，刺激運動速度と刺激呈示面積の単純な積によって決定されるものと仮定する。すなわち，刺激呈示領域と刺激運動速度または刺激呈示面積の間に交互作用はなく，刺激呈示領域による重み付けは必要ないと仮定する。さらに本実験においては，中心刺激と周辺刺激とが相反方向に運動しているため，各刺激条件において生起するベクションの強度は，中心刺激が誘導する自己運動と周辺刺激が誘導するそれとの差によって表現される。ここで，中心刺激の面積を

Ac，周辺刺激面積をApとおき，低速運動条件における刺激運動速度をs，高速運動条件のそれを2s（低速条件の2倍）とする。さらに本実験では，すべての刺激呈示面積条件において，中心刺激面積と周辺刺激面積との合計がスクリーン全面の面積に等しかった（Ac＋Ap＝Ar；Arはスクリーン面積）。

これらの仮定から，本実験の各刺激運動条件における自己運動強度をTable 2-4に示す中心刺激面積の関数として表現することが可能である。これらのモデル式から，ベクション強度がゼロになる中心刺激面積を，スクリーン面積に対する比として算出することができる（SS条件：Ac＝1/2 Ar；FF条件：Ac＝1/2 Ar；SF条件：Ac＝2/3 Ar；FS条件：Ac＝1/3 Ar）。これらの予測値と上述した実測値とが概略一致すること，さらにはモデル式によって予測された各運動速度条件間の中心刺激呈示面積の影響を表す係数の比（SS：FF：SF：FS＝2：4：3：3）が，実測値に対する直線回帰によって算出された回帰係数の比とほぼ等しいことから（Table 2-3参照），ベクション強度は刺激呈示領域にかかわらず刺激運動速度と刺激呈示面積との積によって記述可能であるとした前提が妥当なものであることが示された。

Table 2-4 Expectation of vection strength based on stimulus size and speed

stimulus-speed condition	stimulus speed		vection-induction potential		strength of vection $(V=Vc-Vp)$
	central (Sc)	peripheral (Sp)	central (Vc＝Sc*Ac)	peripehral (Vp＝Sp*Ap)	
SS	s	s	sAc	sAp＝s(Ar−Ac)	sAc−s(Ar−Ac)＝2s(Ac−1/2Ar)
SF	s	2s	sAc	2sAp＝2s(Ar−Ac)	sAc−2s(Ar−Ac)＝3s(Ac−2/3Ar)
FS	2s	s	2sAc	sAp＝s(Ar−Ac)	2sAc−s(Ar−Ac)＝3s(Ac−1/3Ar)
FF	2s	2s	2sAc	2sAp＝2s(Ar−Ac)	2sAc−2s(Ar−Ac)＝4s(Ac−1/2Ar)

Note) s: unit stimulus speed, Ac: size of central stimulus, Ap: size of peripehral stimulus, Ar: screen size (constant)

●第5節　まとめ

本章では，ベクション知覚におよぼす刺激呈示領域，および呈示面積の効果を検討し，以下の諸点を明らかとした。

第2章　視覚刺激の呈示領域およびその面積の効果

1）刺激呈示面積の増加にともないベクション強度が直線的に増大する（実験1-1）。
2）刺激呈示領域（中心・周辺）はベクション強度に影響を及ぼさない（実験1-1）。
3）上記の結果は，刺激呈示領域の操作に附随する刺激の奥行き印象の変化によるものではない（実験1-2）。
4）視野の周辺部と中心部とを同時に刺激する様な状況下でも，上記1）および2）が成立する（実験1-3）。
4）中心刺激と周辺刺激との運動速度を変化させた場合には，ベクション強度が刺激呈示面積と刺激運動速度の単純な積によって記述可能である（実験1-4）。

これらの結果は，呈示面積が同一であるなら中心刺激と周辺刺激がベクション知覚に及ぼす影響は等しいとするPost (1988)の結論を，より多様な刺激条件設定下で確認し，その妥当性を保証するものである。本章の諸実験の結果は，視野の中心部と周辺部とには機能的な差異があり，自己運動認識に関する機能は視野周辺部に局在すると考える伝統的な視覚情報処理過程の単純な二分法に修正を迫るものであり，視野中心部に呈示された視覚刺激でも，自己運動知覚に関する情報処理に影響を及ぼすことを示している。

ただし本研究における実験は縦60 deg，横90 degのスクリーンを用いており，離心度54 deg以上の領域は刺激することができなかった。したがって，観察者の視野のすべての領域において自己運動誘導へ及ぼす影響が均質であると結論づけるには，視野のより広い範囲を刺激することが可能な状況において，さらに詳細に刺激呈示領域の効果を検討しなければならない。

第3章 刺激奥行き構造の効果[*2]

本章では，前章において検討した刺激呈示領域と同様，ベクション知覚に大きな影響を及ぼすと考えられている，視覚刺激の奥行き構造の効果に関し検討を行なう。

●第1節　実験2-1

1-1　目的

序論において述べた様に，呈示する運動パターンの持つ奥行き構造がベクションに非常に強い影響を及ぼすことが多くの実験から明らかにされている（e.g., Brandt, Dichgans & Koenig, 1975; Howard & Heckman, 1989）。これらの一連の実験から，より遠くに呈示されている視覚対象，すなわち背景刺激の運動によってベクション知覚が決定されることが示されている。日常的な視覚環境下においては，より遠くに位置する対象（背景刺激）は外界において運動することは少なく，その様な対象の網膜像の運動は，実際の対象運動の結果ではなく，自己運動の結果生じたと解釈されるべきものである。一方，観察者の近傍に位置する対象（前面刺激）は，観察者の運動とは無関係に運動する可能性が高く，その網膜像運動に基づいて自己運動を判断することは困難である。上記

[*2]　本章の内容の一部は，Nakamura & Shimojo（1999）において報告された。

の事実を考慮すると，背景刺激の運動を自己運動知覚の基準として用いることは妥当性が高いと考えることができる。

ここで，もし背景刺激のみが自己運動知覚に関与しており，前面刺激がそれに何ら影響を及ぼさないならば，運動パターンを単独で呈示した場合と，その手前に静止対象を付加した場合とで，誘導される自己運動強度に差異は生じないはずである。なぜなら，両状況において視野内の最も奥にある視覚対象は同一の運動パターンであり，自己運動知覚が背景刺激にのみ依存するならば，生起するベクションも同一のものになるはずだからである。実際に，Brandt, Dichgans & Koenig（1973）は，運動パターンの背後に静止対象を呈示した場合にはベクション知覚が強く抑制されるが，手前に静止対象を呈示した場合にはその効果が認められないことを報告している。

しかしながら，Howard & Howard（1994）は，運動パターンの手前に静止対象を付与した場合には，運動パターンを単独で呈示した場合よりも，ベクションの強度がより強くなることを示した。この結果は，前面刺激も自己運動知覚の情報処理過程において何らかの役割を果たしていることを示唆している。ただし，この前面刺激の促進効果に関しては他に報告事例がなく，その再現性は確認されていない。さらに，Howardらは彼らの実験において，背景刺激として視野全体に広がるストライプパターンを，前面刺激として細い線分から構成されたフレームを用いている。この様な刺激条件設定においては，前面・背景両刺激間に刺激属性の大きな差異があり，両者の効果およびその間の相互作用を検討するには適さない。

そこで実験2-1において，同一の刺激属性を持つ2つの視覚パターンを重ねて呈示し，それらを前面刺激および背景刺激とすることによって，視覚刺激の奥行き構造がベクション知覚に及ぼす影響を分析する。具体的には，静止および運動の2種類のランダムドットパターンを用い，それぞれに異なる両眼視差を付与することによってそれらが観察者から見て異なる奥行き平面上に定位する様に呈示した場合に，運動パターンの奥行き順序（前面・背景）がベクション知覚にどの様な効果を及ぼすのかについて検討する。

1-2 方法

1-2-1 刺激

刺激は，前面パターン，背景パターン，注視点の3要素から構成された。前面・背景両パターンはともにランダムドットパターンであり，その刺激属性は第2章で述べた諸実験において用いられた運動パターンと同一に設定された。前面パターンには，スクリーンの手前15 cmに位置して知覚される様に視角36 minの交差視差が，背景パターンには，スクリーンの奥15 cmに定位する様に27 minの非交差視差が付与された。前面・背景両パターンとも，スクリーン全面に呈示された（60 deg×90 deg）。注視点は，スクリーン上，その中央に呈示された。Fig. 3-1に，本実験で用いた刺激が観察者にどの様に知覚されるのかを模式的に示した。両眼立体視による視覚刺激の3次元呈示には，実験1-2において用いた時分割式両眼立体視用の液晶シャッターシステムを用いた。

その他の方法はこれまでの実験と同じであった。ただし，実験参加者の負担

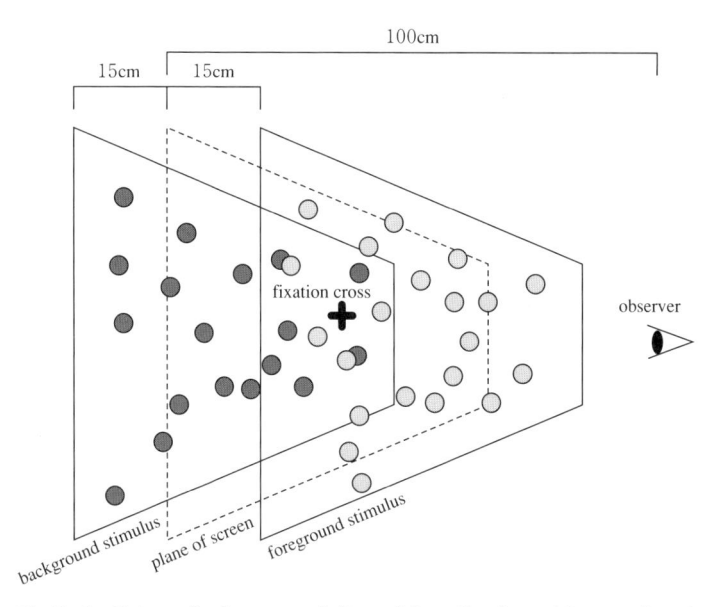

Fig. 3-1 Schematical representation of the stimuli used in experiment 2-1

を軽減するために，1回の試行における刺激呈示時間を3分から2分へ短縮した（これまでの実験および予備観察によって，この観察時間の短縮が条件間の差異の検出に影響を及ぼさないことが確認されている）。ベクション強度の指標として，その持続時間と強度評定値とを計測した。

1-2-2 刺激条件

刺激奥行き条件として次に述べる3条件を設定した。前面運動条件では，前面パターンが左から右へと運動し，背景パターンは静止していた。反対に背景運動条件では，背景パターンが右方向へ運動し，前面パターンは静止状態に保たれた。さらにスクリーン平面上に位置する単一の運動パターンのみを呈示する統制条件が設定された。事前の予備観察によって，スクリーン上，その手前15 cm，奥15 cmの3平面上に，それぞれ単独の運動パターンを呈示した際に誘導される自己運動感覚には差異は認められなかった。したがって，スクリーン上に運動パターンを単独呈示する統制条件を用いて，実験条件における前面刺激（スクリーン手前15 cm）と背景刺激（スクリーン奥15 cm）とが単独で誘導するベクション強度の基準を測定することが可能である。また，運動速度条件として運動パターンの速度を，50 deg/sec（高速運動条件）と25 deg/sec（低速運動条件）の2水準設定とした。

1-3 結果

Fig. 3-2に，各条件におけるベクションの持続時間と強度評定値の実験参加者間平均値を示す。単一の運動パターンを呈示した統制条件においては，高速条件において低速条件よりもベクション強度が増加した。この結果は，120 deg/sec以下の範囲では刺激運動速度の増加にともなってベクションの強度が単調に増加するとした先行研究（e.g., Brandt et al., 1973）と一致する。

前面運動条件では，高速条件においても持続時間が短く，強度評定値の低い非常に弱いベクションしか生起せず，低速条件では自己運動の生起が報告されることはなかった。一方，背景運動条件では低速条件においても持続時間が長く，強度評定値の高い強力なベクションが生起している。さらに，速度条件別に統制条件と背景運動条件との間のベクション強度を比較すると，低速条件で

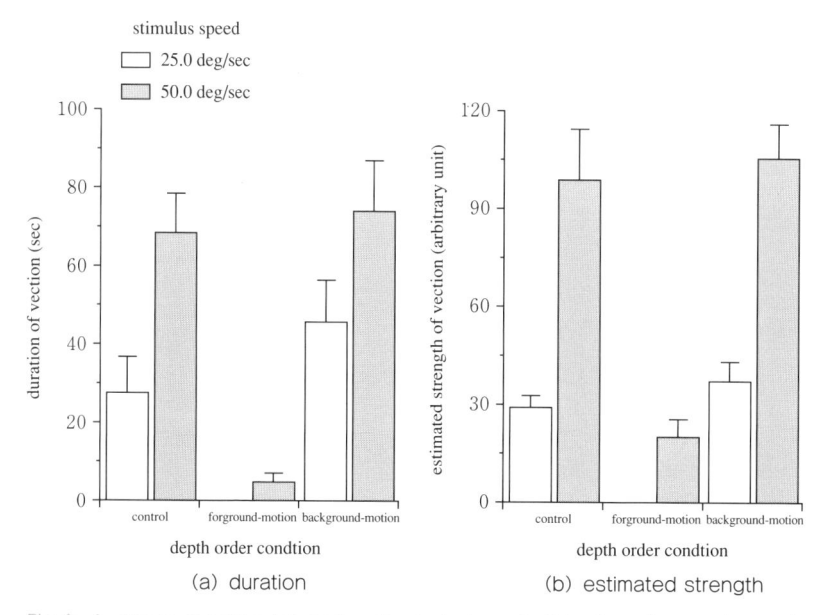

Fig. 3-2 Mean duration (a) and estimated strength (b) of vection under each stimulus condition (Exp. 2-1)

　は背景運動条件のベクションが若干強くなっているが，高速条件においてはその様な差異は認められない。

　持続時間，強度評定値の両指標に対しそれぞれ 2 要因分散分析を行なった結果，有意な刺激奥行き条件（持続時間：$F(2,6)=27.09$, $p<.05$；強度評定値：$F(2,6)=37.63$, $p<.01$），および速度条件（持続時間：$F(1,3)=32.49$, $p<.05$；強度評定値：$F(1,3)=29.54$, $p<.05$）の主効果が認められた。またその間の交互作用も有意となった（持続時間：$F(2,6)=40.71$, $p<.01$；強度評定値：$F(2,6)=18.19$, $p<.01$）。さらに Tukey 法による多重比較を行なった結果，統制条件と前面運動条件の間には運動速度条件によらず有意差があるが，統制条件と背景運動条件との間の差異は低速条件においてのみ有意となった（持続時間：$MSe=17.6$；強度評定値：$MSe=22.0$；$\alpha=.05$）。

1-4　考察

　背景刺激として静止パターンが呈示される前面運動条件においては，単独で

第3章　刺激奥行き構造の効果

呈示された場合には十分に強いベクションを誘導することが可能な運動パターンが呈示されているにもかかわらず，明瞭な自己運動知覚の生起を確認することはできなかった。したがって，運動パターンの背後に呈示された静止刺激は，ベクションを強く抑制すると結論することができる。一方，背景運動条件においては，前面に静止パターンが呈示されているにもかかわらず，非常に強いベクションが生起した。これらの結果は，これまでの研究と同様，最も遠くに呈示される視覚刺激の運動によって自己運動知覚が規定されるとする仮説を支持するものである。

　また，静止前面刺激の背後で背景刺激が低速度で運動する場合には，運動パターンが単独で呈示される統制条件よりも有意に強いベクションが生起した。すなわち，運動パターンの手前に静止対象を呈示することによって，ベクションの促進が生じた。この結果は，Howard & Howard（1994）によって示された前面刺激によるベクションの促進効果が，同一の刺激属性を持つ前面刺激と背景刺激を用いた刺激条件設定下でも生起することを示している。ただし，高速条件においては背景運動条件と統制条件との間に有意差がなく，ベクションの促進を認めることができなかった。この結果は，静止前面刺激によるベクションの促進は，運動パターンの運動速度が低い場合に顕著となるとしたHowardらの結果と対応するものである。この刺激速度の効果に関しては，高速で運動する刺激パターンが単独で誘導するベクション強度が元々高い水準にあり，高速運動条件では静止前面刺激による付加的な促進効果が現われにくかったためと考えることができる。

　本実験によって，運動パターンの背後に呈示された静止パターンはベクションを抑制し，手前に呈示された静止パターンはベクションを促進することが示された。ここで，これらの静止パターン付加が自己運動知覚に及ぼす影響に関して，以下に述べる2つの疑問が生じる。まず，前章の諸実験によって，運動刺激がベクション知覚に及ぼす効果には運動刺激呈示領域に対する依存性が存在せず，その面積にのみ影響を受けることが示されている。本実験で示された静止刺激がベクション知覚に及ぼす効果は，静止刺激の呈示領域および呈示面積の影響を受けるのであろうか。また，本実験では運動パターンと静止パターンの奥行き順序（どちらが前面もしくは背景になるか）のみを問題としており，

前面・背景両パターン間の間隔，もしくは観察者から前面・背景までの絶対距離がどの様な影響を及ぼすのかに関しては検討されていない。この刺激間の奥行き間隔，および刺激までの奥行き距離はベクション知覚に影響を及ぼすのであろうか。以下の3実験において上述の問題を検討する。

●第2節　実験2-2a・実験2-2b

2-1　目的

実験2-2aおよび2-2bでは，実験2-1において確認した静止刺激呈示によるベクション促進およびベクション抑制が，静止刺激呈示領域（中心・周辺）および呈示面積の影響を受けるか否かを検討する。

2-2　方法

2-2-1　刺激

静止前面刺激による促進効果を検討する実験2-2aにおいては，前面刺激として静止パターンがスクリーンの中心の円形領域，もしくは周辺の円環様領域の限定された部分のみに呈示され，背景刺激として運動パターンがスクリーン全体に呈示された。静止背景刺激による抑制効果を検討する実験2-2bでは，前面刺激としてスクリーン全面に運動パターンを呈示し，背景刺激としてスクリーン中心の円形領域，もしくは周辺の円環様領域の限定された部分のみに静止パターンを呈示した。Fig. 3-3に実験2-2aおよび実験2-2bに用いた刺激を模式的に示す。前面刺激および背景刺激のスクリーンからの奥行き距離やドット密度等の刺激属性は，すべて実験2-1と同様であった。

2-2-2　刺激条件

静止刺激呈示条件として，中心刺激と周辺刺激の2種類の呈示方法を設定した。また，中心刺激における刺激呈示領域の半径，および周辺刺激における刺激非呈示領域の半径を操作することによって，それぞれの刺激呈示領域条件に

第3章　刺激奥行き構造の効果

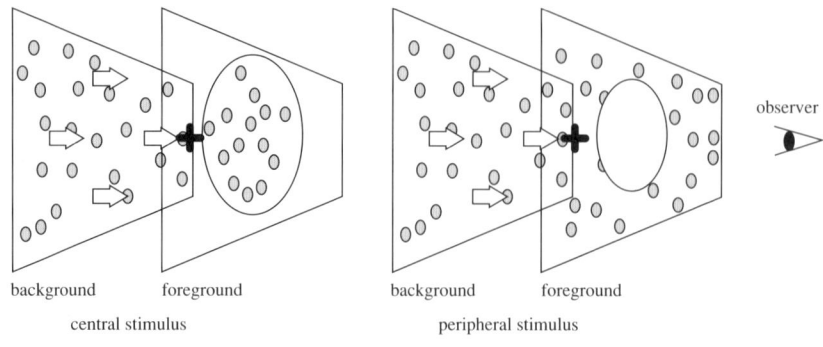

(a) Experiment 2-2a (stationary foreground & moving background)

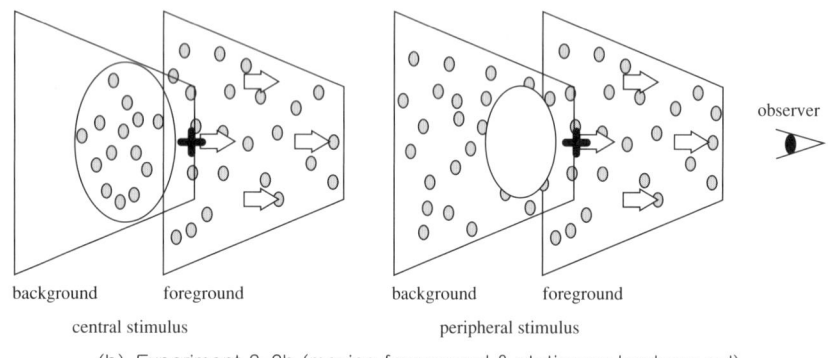

(b) Experiment 2-2b (moving foreground & stationary background)

Fig. 3-3　Schematical representation of the stimuli used in experiments 2-2a and 2-2b

おいて静止刺激の呈示面積を操作した。中心刺激呈示領域半径および周辺刺激非呈示領域半径は，10，20，30，40 deg の4水準が設定され，各条件における静止刺激呈示面積は，中心刺激では316，1260，2830，4300 deg^2，周辺刺激では5090，4140，2570，1100 deg^2 となった。さらに，運動パターンの速度も刺激条件として操作し，高速運動条件（50 deg/sec）および低速運動条件（25 deg/sec）の2水準が設定された。

　上記実験条件に加え，実験2-1と同様に，スクリーン全面に運動パターンを単独で呈示する統制条件を用意した。統制条件においては視覚刺激に両眼視差は付与されず，運動パターンはスクリーン平面上に位置して知覚された。統制条件においても，実験条件同様，刺激運動速度条件は高速，低速の2水準が

設定された。

2-3 結果と考察

　静止刺激付加によるベクションの抑制もしくは促進の効果をより理解しやすく表現するために，実験参加者および運動速度条件毎に，静止刺激呈示条件と統制条件との間のベクションの持続時間および強度評定値の比を算出し，その実験参加者間平均値を求めた。したがって，各指標はその値が1を越える場合にはベクションの促進（統制条件よりも強いベクション），1を下回る場合にはその抑制（統制条件よりも弱いベクション）が生じており，かつ1から大きく離れるほどその抑制もしくは促進の効果が強いことを示す。

　Fig. 3-4に実験2-2aの，Fig. 3-5に実験2-2bのベクションの持続時間および強度評定値を，静止刺激呈示面積の関数として示す。運動パターンの手前に静止刺激が呈示された実験2-2aでは，ほぼすべての条件においてベクションの促進が生じている（各指標＞1）。ただし，その程度は運動速度条件および刺激呈示領域条件に依存しており，高速運動条件においては刺激呈示領域条件間にベクション促進の差異はなく，刺激呈示面積の操作にともなう変化もあまり明瞭なものではなかった。また，高速運動条件においては促進効果は全般的に低いものであった。一方低速運動条件では，中心刺激条件においては刺激呈示面積によらずベクション促進が比較的強いが，周辺刺激条件ではベクション促進の強度が刺激呈示面積の関数として単調に増加した。

　また，運動パターンの背後に静止刺激を配置した実験2-2bでは，各刺激呈示条件においてベクションの抑制を認めることができる（各指標＜1）。さらに，実験2-2aにおける促進効果と同様，静止背景刺激によるベクション抑制においても刺激呈示領域および呈示面積の影響が認められた。中心刺激条件では，静止刺激呈示面積の増加にともなうベクション抑制の増大が明瞭に認められた。一方，周辺刺激条件においても，静止刺激呈示面積とベクション抑制強度との間に同様の関連が認められたが，その変化は中心刺激条件と比較して弱いものであり，静止刺激面積が小さい条件においてもベクション抑制が比較的強く生起していた。また，運動速度条件に関しては，低速運動条件よりも高速運動条件において，静止背景刺激呈示によるベクション抑制がより強くなっ

第3章 刺激奥行き構造の効果

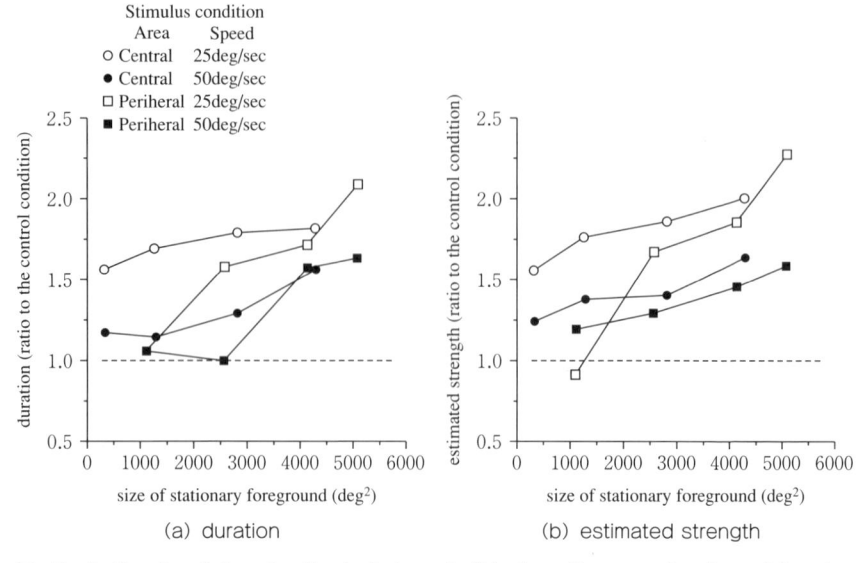

Fig. 3-4 Duration (a) and estimated strength (b) of vection as a function of the size of stationary foreground stimulus in each stimulus condition (Exp. 2-2a)

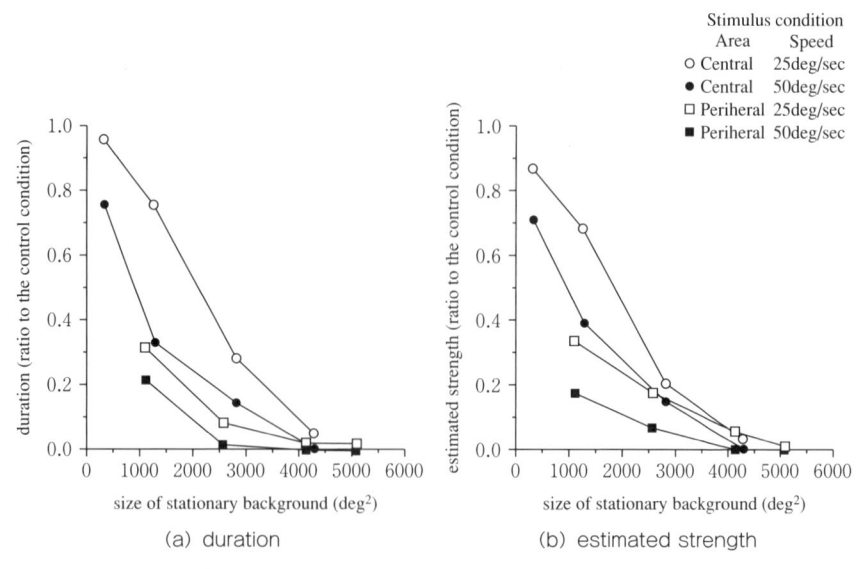

Fig. 3-5 Duration (a) and estimated strength (b) of vection as a function of the size of stationary background stimulus in each stimulus condition (Exp. 2-2b)

64

第2節　実験2-2a・実験2-2b

ていた。

　これらの結果から以下の考察を導くことができる。

1） 静止前面刺激によるベクションの促進，および静止背景刺激によるベクションの抑制は，その呈示面積による影響を受け，（運動速度条件や静止刺激呈示領域条件によってはその変化が明瞭なものではなくなるが）概略呈示面積の増加によってその効果が強まる。これは第2章で明らかにした，運動パターン呈示面積に比例してベクション強度が増加するという，運動刺激呈示面積の効果と共通するものである。

2） 静止前面刺激によるベクションの促進は，運動パターンが低速運動する場合に顕著で，高速の場合には生起しにくい。一方，静止背景刺激によるベクションの抑制は，高速運動条件でより強く，低速運動条件では弱まる。高速運動条件でベクション促進が生起しにくいことの原因としては，実験2-1の考察で述べた様に，高速運動する刺激パターンが単独で誘導するベクション強度が元々高い水準にあったことが考えられる。また，反対に低速運動条件でベクション抑制が生起しにくいことに関しては，低速度の運動パターンが元々弱いベクションしか誘導しないことをその要因として考えることができる。

3） 静止前面刺激を視野中心部に呈示した場合には，より狭い呈示面積条件においてもベクションの強い促進効果が生じたが，周辺部に呈示した場合には強いベクション促進を得るためにより広い呈示面積を必要とした。一方，静止背景刺激によるベクション抑制の場合には，中心刺激と周辺刺激の効果が逆転し，周辺刺激でより強く，中心刺激でより弱いベクション抑制が生じた。この結果は，静止前面刺激によるベクションの促進には視野中心部への，静止背景刺激によるベクションの抑制には視野周辺部への刺激呈示の効果が強いことを意味している。静止刺激付加がベクション知覚に及ぼす影響が静止刺激呈示領域に依存するという上述の結論は，運動パターンの呈示領域がベクション強度に影響を及ぼさないとする第2章の諸実験の結果と対比されるべき事項である。

　実験2-2aおよび実験2-2bでは，視野全体に呈示される運動刺激の手前，もしくは背後に，さまざまな呈示領域および呈示面積の静止刺激を呈示した場

合に誘導される自己運動知覚を分析した。本実験は，実験1-3と同様，視覚刺激の2次元的配置（刺激呈示領域）と3次元的配置（刺激奥行き構造）との間の相互作用を検討するための試みの1つとして位置づけることができる。この検討により，静止前面刺激によるベクション促進には視野中心部が，静止背景刺激によるベクション抑制には視野周辺部がより強い影響を及ぼしていることなど，視覚刺激の3次元空間内での配置の効果に関し新たな知見を得ることができた。

●第3節　実験2-3

3-1　目的

本実験では，静止刺激と運動刺激との間の奥行き距離が，静止刺激付加によるベクションの抑制および促進に及ぼす効果を検討する。

3-2　方法

3-2-1　刺激

実験2-1と同様，刺激はスクリーン全面に呈示される2つのランダムドットパターンから構成され，その一方は静止しており，他方は一定速度で右方向へ運動した。それぞれのパターンには，スクリーン後方15 cm，スクリーン上，スクリーン前方15 cmのいずれかの奥行き平面上に位置して知覚される様に両眼視差が与えられた（それぞれ27 minの非交差視差，視差0，36 minの交差視差）。ただし，両パターンが同一平面上に呈示される条件は除去した。その他の刺激属性に関しては，実験2-1と同じであった。

3-2-2　刺激条件

運動・静止両パターンが3種類の奥行き平面のいずれに呈示されるかによって，6条件が設定された。これらは，静止パターンが前面刺激となるか運動パターンが前面刺激になるかによって，前面静止／背景運動と前面運動／背景静

第3節 実験2-3

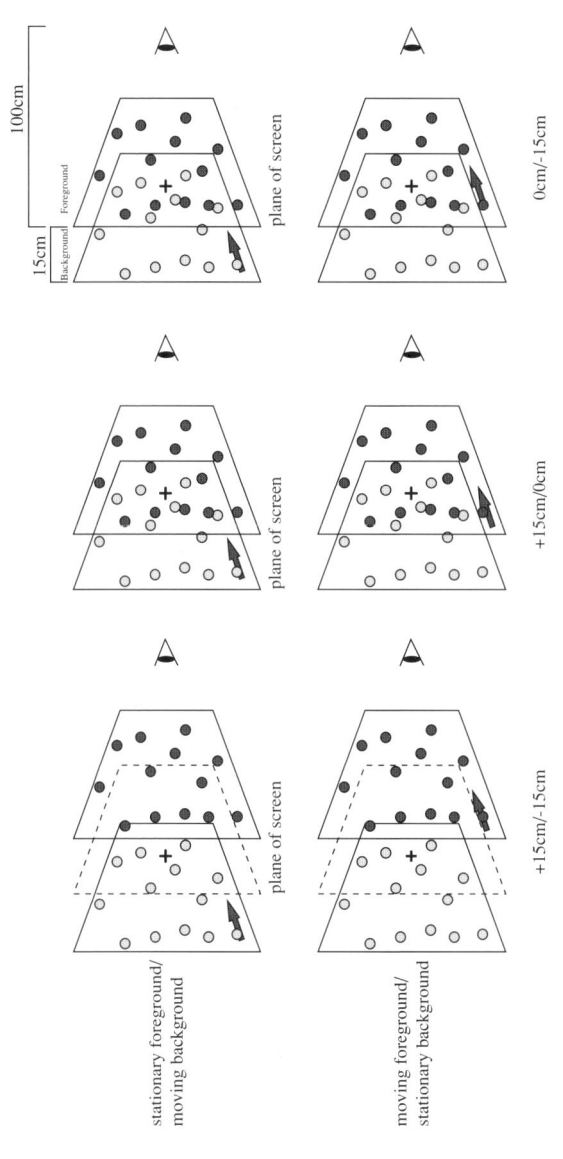

Fig.3-6 Schematical representation of the stimuli used in experiment 2-3

止の2種類の奥行き順序条件に分けられる。さらに，各刺激の奥行き距離の組み合わせによって，スクリーン手前（＋15 cm）／スクリーン上（0 cm），スクリーン上（0 cm）／スクリーン奥（−15 cm），スクリーン手前（＋15 cm）／スクリーン奥（−15 cm），の3水準の奥行き距離条件を得ることができる。本実験では上述の6種の条件を，この2×3の2要因配置によって表現する。Fig. 3-6に各奥行き条件の組み合わせを示す。運動刺激の速度は25 deg/sec とし，運動パターンのみをスクリーン上に呈示する統制条件も用意した。

3-3　結果と考察

実験2-2と同様，静止刺激付加によるベクションの抑制もしくは促進の効果を表現するために，各実験条件における測定値と統制条件における測定値との間の比を算出した。

Fig. 3-7に各条件におけるベクション強度を示す。前面静止／背景運動条件においては，いずれの奥行き距離条件においてもベクションの促進が生起している（測定指標＞1）。一方，前面運動／背景静止条件においては奥行き距離条件にかかわらずベクションの強度は非常に弱く，強いベクション抑制が生じていることがわかる。さらに，同一奥行き順序条件内では，奥行き距離条件によってベクション強度に差異が生じることはなかった。2要因分散分析の結果，奥行き順序条件の主効果のみが有意となり（持続時間：$F(1,3)=12.06$, $p<.05$；強度評定値：$F(1,3)=13.87$, $p<.05$），奥行き距離条件の主効果（持続時間，強度評定値とも $F(2,6)<1.0$），および交互作用（持続時間：$F(1,3)=1.12$, $n.s.$；強度評定値：$F(1,3)<1.0$）は有意とならなかった。

この結果は，静止刺激呈示によるベクションの抑制および促進に関しては，運動・静止両パターンのどちらが前面もしくは背景となるかという奥行き順序のみが効果を持ち，各刺激パターンまでの絶対的な奥行き距離は影響を及ぼさないことを示している。3つの奥行き距離条件のうち，スクリーン手前（＋15 cm）／スクリーン上（0 cm），およびスクリーン上（0 cm）／スクリーン奥（−15 cm）の条件では，刺激パターン間の（知覚される）奥行き間隔が15 cmである一方，スクリーン手前（＋15 cm）／スクリーン奥（−15 cm）の条件では2倍の30 cmに設定されている。これらの条件間でベクション強度に差異が

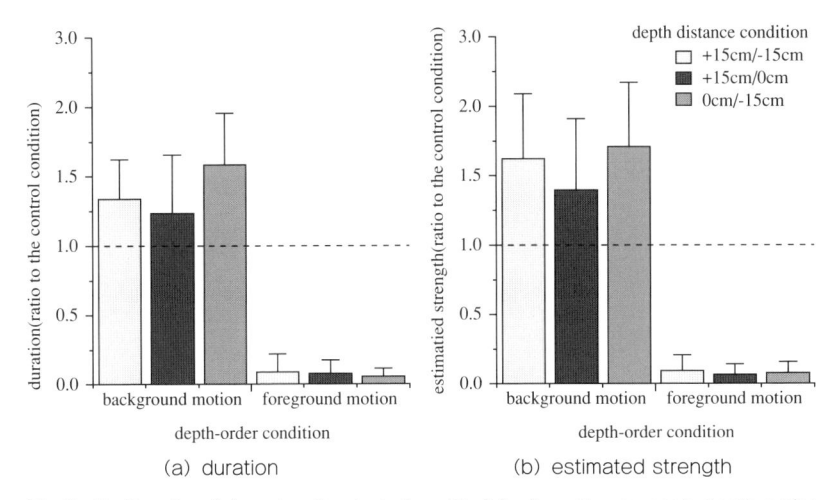

Fig. 3-7 Duration (a) and estimated strength (b) of vection in each depth-order and depth-distance condition (Exp. 2-3)

認められないことから，刺激の絶対的な奥行き距離と同様，静止・運動両刺激間の奥行き間隔もベクションの抑制および促進に影響を及ぼさないことが示された。

　本実験の結果から，静止刺激呈示によるベクションの抑制および促進に関しては，その呈示奥行き距離や運動刺激との間隔は効果を持たず，奥行き順序のみが重要な役割を果たしていることが示された。しかしながら，実験装置等の制約によって，本実験で行なった刺激奥行き条件の操作は3水準のみであり，その範囲も比較的狭いものであった。今後より広い範囲での詳細な奥行き距離の効果に関する検討が望まれる。

　以上の4実験から，静止前面刺激によってベクションの促進，静止背景刺激によってベクションの抑制が生じること，さらにはその抑制もしくは促進には静止刺激の呈示領域および呈示面積が影響を及ぼすが，それぞれの刺激の呈示奥行き面までの距離や奥行き間隔は効果を持たないことが明らかとなった。運動パターンの背後に静止刺激を呈示することによってベクションの強い抑制が生じるという結果は，視野内の最も奥に呈示される視覚対象が自己運動知覚の基準になるという，これまでの一連の研究における結論と一致する。この結果から，背景刺激が自己運動知覚の主たる決定要因となっていると結論すること

ができる。

　一方，静止前面刺激によるベクション促進は，背景刺激運動のみに依存して自己運動が知覚されるとする仮説からは説明できない。なぜなら，前面静止／背景運動条件と運動刺激のみが呈示される統制条件とで，視野内の最も奥に運動刺激が呈示されている状況は同じであり，背景刺激にのみ依存してベクションが生起するのなら，両条件で同程度の強度の自己運動が誘導されるはずだからである。では，なぜ静止前面刺激呈示によるベクション促進が生起したのであろうか。Howard & Howard（1994）は，静止前面刺激による促進効果の原因を，静止前面刺激と運動背景刺激との間の相対運動に求めた。従来より，単独呈示された対象の絶対運動よりも，2つの対象間の相対運動の方が検出しやすいことが知られている（Johnson & Scobey, 1982; Snowden, 1992）。したがって，単独呈示された運動パターンの絶対運動よりも，静止・運動両パターン間の相対運動の方がより明瞭であり，その様な相対運動によってより強い自己運動知覚が誘導されると考えることは妥当であろう。しかしながら，この相対運動による説明は何ら実証的な根拠を持たず，現時点では単なる仮説に過ぎない。そこで，前面刺激の運動速度を背景刺激のそれとは独立に設定することによって，前面・背景両刺激間の相対運動の効果を直接検討する実験を実施した。

●第4節　実験2-4

4-1　目的

　前面刺激と背景刺激の間の相対運動の効果を分析するために，前面刺激を背景刺激と同方向もしくは逆方向へさまざまな速度で運動させ，そのベクション知覚に及ぼす影響を検討した。ここで，もし前面・背景両刺激間の相対運動によってベクション知覚が規定されるならば，相対運動速度が速い条件，すなわち前面刺激が背景刺激と逆方向へ運動する条件ではより強いベクションが生起し，逆に前面刺激と背景刺激が同方向へ運動する条件では相対運動速度が低下しベクション強度が減少するはずである。したがって，背景刺激速度が一定で

あるならば，ベクション強度が前面刺激速度との間に線形関係を持つことが予想される。

4-2 方法

4-2-1 刺激

実験2-1と同様の刺激を用いた。ただし本実験においては，前面刺激と背景刺激の双方が任意の速度で水平方向へ運動した。

4-2-2 刺激条件

背景刺激運動速度条件として，高速条件（50 deg/sec）と低速条件（25 deg/sec）の2水準を設定した。背景刺激は全ての試行において右方向へ運動した。また，前面刺激運動速度条件として±50.0，±25.0，±12.5，±10.0，±5.0，0.0 deg/secの11水準が設定された。ここで，便宜的に背景刺激運動方向と同方向（右）への前面刺激運動に正の，反対方向（左）への前面刺激運動に負の符号を付与した。さらに実験2-1と同様，高速・低速両運動速度条件において，運動パターンのみをスクリーン上に呈示する統制条件を設定した。

4-2-3 手続き

本実験では，刺激条件によっては反対方向に運動する刺激パターンが同時に呈示されることになる。そこで，実験1-3と同様，実験参加者は両手にボタンを持ち，右方向への自己運動が知覚された場合には右ボタンを，左方向への自己運動が知覚された場合には左ボタンを押した。また刺激観察終了後，実験参加者は観察期間中に経験された左右それぞれの方向への自己運動の強度を，これまでの実験において用いられたものと同一の尺度を用いて個別に評定した。

4-3 結果と考察

一試行内で計測された左右それぞれの方向への自己運動の持続時間および強度評定値を個別に集計した後，右方向へ運動する背景刺激と整合する左方向へのベクションに正の，それとは反対方向（右）へのベクションに負の符号を与え合計した。さらに，これまでの実験と同じく，前面刺激運動の効果をより理

解しやすく表現するために，実験参加者および背景運動速度条件毎に，各前面刺激速度条件における測定値と統制条件の測定値との間の比を算出した。したがって，前面刺激呈示によってベクション強度が促進される場合には各測定指標の値が1を超え，抑制される場合には1を下回ることとなる。

Fig. 3-8 に，両ベクション指標を前面刺激運動速度の関数として示す。前面刺激速度操作にともなうベクション強度の変化は非線形なものとなった。前面刺激が静止，もしくは背景刺激と反対方向に低速度で運動する場合には，ベクション強度の促進が生じた（計測値＞1）。特に，低速背景運動条件ではベクションの持続時間が非常に大きく促進された。一方，前面刺激が背景刺激と同方向に低速度で運動する場合には，ベクション強度が非常に弱いものとなった（計測値≒0）。また，反対方向への高速度の前面刺激運動においてもベクション強度は非常に弱くなるが，同方向への高速前面刺激運動は統制条件と同程度のベクションを誘導した（計測値≒1）。

2要因分散分析の結果，両指標において前面刺激速度の有意な主効果が認められた（持続時間：$F(10, 30) = 23.54$, $p < .01$；強度評定値：$F(10, 30) = 15.79$, $p < .01$）。一方，背景刺激速度の主効果は両指標とも有意とはならず（持続時

(a) duration

(b) estimated strength

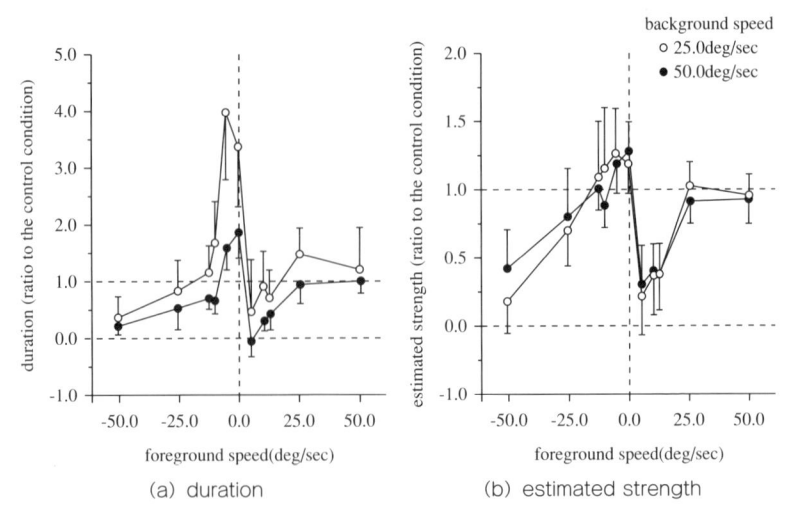

Fig. 3-8 Duration (a) and estimated strength (b) of vection as a function of foreground speed (Exp. 2-4)

間：$F(1,3)=2.37$, $n.s.$；強度評定値：$F(1,3)=1.21$, $n.s.$），交互作用は持続時間では有意となったが（$F(10,30)=15.41$, $p<.01$），強度評定値では有意水準には達しなかった（$F(10,30)<1$）。この指標間の交互作用の現われ方の差異は，前面刺激静止もしくは逆方向低速運動の場合のベクション強度の促進が，持続時間においては低速背景運動条件で高速背景運動条件より顕著となる一方，強度評定値ではその様な背景刺激速度条件間での差異が認められないことによる。実験2-1から，低速運動する背景刺激の手前に静止前面刺激を呈示した条件の方が，高速背景刺激条件よりもベクション促進効果が強くなることが示されている。上述した持続時間の差異は，このベクション促進効果の現われやすさの差異を反映していると考えることができる。強度評定値においては背景運動速度条件間に差異が認められず，かつ，ベクション促進の効果がより低いものとなっている。このことから，両指標がベクション現象の別の側面を反映しており，持続時間の方が前面刺激によるベクションの促進効果に対する感度が高く，それを計測するのにより適していると考えることができる。

　本実験では，前面刺激運動速度を背景刺激運動とは独立に操作することによって，前面・背景両刺激間の相対運動がベクション知覚に及ぼす影響を検討した。本実験で用いた刺激パターンにおいては，背景刺激が常に比較的高速で運動する様に設定されており，背景刺激と同方向への高速度の前面刺激運動によって刺激間の相対運動が減少し，反対方向への前面運動によって相対運動速度が上昇した。したがって，Howard & Howard（1994）が主張した様に，視覚刺激間の相対運動がベクション知覚強度を決定するならば，前面刺激速度操作にともないベクション強度は単調に変化するはずである。しかしながら本実験の結果は，ベクション強度が前面刺激速度に対して非線形的に変化することを示している。この結果は，ベクション強度が相対運動速度に規定されるとする仮説の棄却を要求するものである。

　ここで，前面刺激の持つもう1つの潜在的な機能を仮定することができる。すなわち，前面刺激が背景刺激に対する相対運動の基準としてではなく，視覚刺激の奥行き構造，すなわち背景刺激がより遠くに呈示されている状況を指し示す基準として機能しているという可能性である。前面刺激を通して観察された背景刺激は，その前面刺激の運動がどの様なものであれ，背景刺激がより遠

くに呈示されているという安定した印象を生じさせ，その様な印象は単独呈示された運動パターンよりも強いベクションを誘導するであろう。しかしながら，もしこの仮定が真であるならば，前面刺激によるベクション促進は前面刺激速度によらず一定になるはずである。本実験の結果はこの仮定とも整合しない。

　本実験の結果は，視覚刺激間の相対運動がベクション強度を促進するとしたHoward & Howard（1994）の仮説と矛盾する。ただし，この結果の一部は前面・背景両刺激間の相対運動を用いて説明することが可能である。前面刺激が静止もしくは反対方向に低速運動をしている場合には，前面刺激と背景刺激との間には適切な速度の相対運動が存在する。この様な条件下では，ベクション強度の促進が生起している。また本実験では背景刺激は比較的高速で運動しており，前面刺激が背景刺激と同方向へ高速で運動する条件では相対運動速度が減少することとなる。この様な刺激条件においては前面刺激によるベクション促進が弱まり，運動パターンを単独呈示した場合とほぼ同程度の強度の自己運動が知覚される（測定値≒1）。以上の結果はベクション促進が刺激間の相対運動に起因するという仮説に合致するものである。また，反対方向高速運動条件においては，前面刺激と背景刺激との間の相対運動速度が速くなりすぎ，観察者が「不快グレア」の様な刺激のちらつきを報告することがしばしばあった。その様な刺激状況においては，運動パターンの安定した観察が困難なものになっていたことが推察される。反対方向高速運動条件においては，この過剰な相対運動速度による刺激観察の不安定性によって，ベクション知覚が抑制された可能性を考えることができる。

　以上議論した様に，本実験の結果は部分的には視覚刺激間の相対運動によって説明することができる。しかしながら，前面刺激が背景刺激と同方向へ低速運動する条件で生起するベクション知覚の強い抑制を，刺激間の相対運動を用いて説明することは不可能である。同方向低速運動条件では，強いベクション促進が生じる前面静止条件と比較して，相対運動速度は若干低下しているのみであるが，ベクション強度は顕著に低下する。また，同方向低速運動条件では，同方向高速運動条件よりも前面・背景両刺激間の相対運動速度がより速いものであるにもかかわらず，ベクション強度はより弱いものとなる。

　ここで，前面刺激の同方向低速運動によるベクションの強い抑制効果を考察

する上で，背景刺激速度条件による結果の差異がないことに注意しなければならない。すなわち，高速運動条件では背景刺激は低速条件の2倍の速度で運動したにもかかわらず，前面刺激の同方向低速運動によるベクション抑制が生起する前面刺激速度の範囲は，両背景刺激速度条件間でほとんど変化しない。このことは，前面刺激の同方向低速運動によるベクション抑制が，前面刺激と背景刺激との間の相対速度では説明不可能であることを端的に示す。

これまでの先行研究および本章で述べた諸実験によって，視野内の最も遠くに呈示される視覚刺激，すなわち背景刺激が自己運動知覚を規定する第一義的な刺激であることは明らかである。しかしながら，本実験の結果は，これまで自己運動知覚には無関係であると考えられてきた前面刺激も，第一の規定要因である背景刺激とはおそらく独立に，ベクション知覚に特異的な影響を及ぼし得ることを示唆している。

●第5節　まとめ

本章の諸実験によって以下の事実が明らかとなった。
1) 運動刺激の背後に静止刺激を呈示した場合には，ベクション知覚の強い抑制が生じる（ベクション抑制；実験2-1）。
2) 運動刺激の手前に静止刺激を呈示した場合には，運動刺激を単独で呈示した場合よりもベクション強度が強まる（ベクション促進；実験2-1）。
3) ベクション抑制は運動刺激の速度がより速い場合（50 deg/sec）に，ベクション促進は刺激運動速度がより低い場合（25 deg/sec）に顕著なものとなる（実験2-2）。
3) ベクション抑制では視野周辺部への，ベクション促進では視野中心部への静止刺激の呈示の効果がより強い（実験2-2）。
4) 上述の刺激奥行き構造の効果は，運動・静止両刺激パターンまでの奥行き距離や，その間の奥行き間隔ではなく，どちらがより手前に呈示されるのかという奥行き順序にのみ規定される（実験2-3）。
5) 前面刺激を運動背景刺激の手前で様々な速度で運動させた場合には，前

面刺激速度にしたがってベクション強度が非線形的に変化し，前面刺激が背景刺激と同方向へ低速で運動する条件ではベクション知覚の強い抑制が生じる（実験2-4）。

これらの結果から，ベクション知覚に及ぼす刺激奥行き構造に関し，以下の結論を導くことができる。

1) 背景刺激がベクション誘導に支配的な効果を持つ。我々の日常の視覚環境においては，視野内のより遠くに位置する視覚刺激は外部環境内で静止していることが多く，観察者の運動とは独立に運動することはまれである。したがって，その様な背景刺激を自己身体定位の信頼できる基準系（frame of reference）として利用することが可能であ。ベクション知覚における背景刺激支配性は，このような視覚環境の特性を反映しているものと考えられる。

2) これまでの研究において自己運動知覚に無関係であるとして無視されてきた前面刺激も，ベクションに対して特異的な影響を及ぼす。その効果は，Howard & Howard（1994）が示唆した背景刺激に対する相対運動の基準としてのものではなく，ベクションの第一の規定因である背景刺激による効果とは独立したものであると考えられる。

実験2-4の結果によって，前面刺激がベクション知覚に特異的な影響を及ぼすことが示された。しかしながら，実験2-4における刺激条件設定では，背景刺激と前面刺激の運動方向が常に同一軸上（同方向もしくは逆方向）にあった。この様な刺激状況における検討のみから，ベクション知覚に及ぼす両刺激の影響を分離することは難しい。そこで次章の実験では，前面刺激と背景刺激とを直交方向に運動させることによって，自己運動知覚に及ぼす両刺激の効果を独立して検討することを可能とし，前面刺激運動がベクション知覚に及ぼす影響をさらに詳細に検討する。

第4章
ベクション知覚に及ぼす前面刺激運動の効果[*3]

　本章では，前章実験2-4において示された前面刺激のベクション知覚に及ぼす影響を，前面刺激と背景刺激とが直交方向に運動する刺激状況を用いてより詳細に検討する。

●第1節　実験3-1

1-1　目的

　本実験では，前面刺激運動が自己運動知覚に及ぼす効果をより詳細に検討するため，背景刺激と前面刺激とが直交方向に運動する刺激条件設定において生起する自己運動知覚を分析する。予備的な観察によって，その様な刺激を観察した場合には，前面刺激と背景刺激とが誘導するベクションがベクトル加算され，斜め方向への自己運動が知覚されることが確認されている。ここで，前面および背景の各刺激運動が，その運動方向と平行な自己運動のみを誘導するならば，直交運動する刺激によって誘導された斜め方向へのベクションのうち，前面刺激運動と平行な自己運動成分のみに着目することによって，前面刺激が自己運動知覚に及ぼす効果を背景刺激の影響とは独立に検討することが可能となる。

[*3]　本章の内容の一部は，Nakamura & Shimojo（2000）において報告された。

1-2　方法

1-2-1　刺激

実験2-4に同じ。ただし，前面刺激と背景刺激のどちらか一方は水平方向に，もう一方は垂直方向に運動した。

1-2-2　刺激条件

前面刺激と背景刺激の運動方向の組み合わせによって，前面水平運動／背景垂直運動条件と前面垂直運動／背景水平運動条件の2種類の運動方向条件を設定した。また，前面刺激運動速度条件として，±20.0，±10.0，±5.0，±2.5，±1.25 deg/sec の10種類の運動速度を用意した（ここで，便宜的に＋は右もしくは上方向，－は左もしくは下方向への運動を示すこととする）。背景刺激の運動方向は常に上もしくは右方向であり，運動速度は25 deg/sec あった。

1-2-3　手続き

前述した様に，前面刺激と背景刺激とが直交方向に運動する場合には，実験参加者は斜め方向への自己運動を知覚する。実験参加者は，実験者の教示によって，知覚される自己運動のうち前面刺激の運動方向と平行な成分のみに注意を向け，それと直交する成分は無視した。したがって，実験参加者は前面水平運動条件においては水平方向の，前面垂直運動条件においては垂直方向の自己運動のみを報告した。斜め方向への自己運動は容易に水平方向と垂直方向の成分に分離することが可能であり，すべての実験参加者は，数回の練習によって，上述の課題を特別な努力なしに遂行することができるようになった。

これまでの実験と同様，前面運動と平行な自己運動成分の強度の指標として，自己運動の持続時間と強度評定値とを測定した。実験参加者は両手にボタンを持ち，前面刺激と平行な運動成分を持つ自己運動が感じられた場合には，その運動方向に応じて対応するボタンを押した。例えば，前面水平運動条件においては，右上もしくは右下への自己運動が感じられた場合に右ボタンを押し，左上もしくは左下へのベクションが誘導された場合に左ボタンを押した。ベクションが垂直方向のみに生起し，水平方向の運動成分を持たない場合には，自己

運動が全く誘導されない場合と同様にボタンを押すことはなかった。この手続きによって，前面運動と平行な運動成分を持つベクション知覚が生起した持続時間を計測することが可能となる。また実験参加者は，刺激呈示終了後に刺激呈示期間中に経験された前面運動と平行な方向への自己運動成分の強度を，これまでの実験と同じ尺度を用いて評定した。

1-3 結果

便宜的に右もしくは上方向への自己運動に正の，左もしくは下方向への自己運動に負の符号を付与し，各指標の実験参加者間平均値を算出した。Fig. 4-1に，前面運動と平行な自己運動成分の強度の指標（持続時間および強度評定値）を，刺激運動方向条件別に前面刺激速度の関数として示す。前面刺激運動と平行な自己運動成分の強度は，前面刺激速度の変化にともなって非線形的に変化した。前面刺激が5.0 deg/sec以下で低速度運動する条件においては，前面運動と同方向への強い自己運動が知覚されるが，前面刺激速度がその範囲を越える条件では，前面運動方向と平行な運動成分を持つ自己運動は生起しなくなる。この傾向は，垂直および水平の両前面運動方向条件間で一致していた。

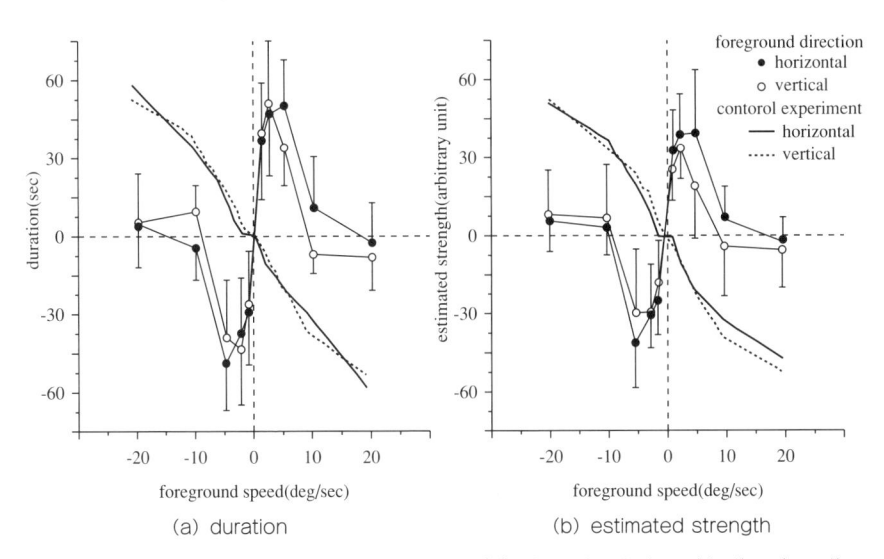

Fig. 4-1 Duration (a) and estimated strength (b) of vection induced in the derection parallel to the foreground as a function of foreground speed (Exp. 3-1)

2要因分散分析の結果,前面速度の有意な主効果が認められた(持続時間: $F(9,27)=17.11$, $p<.01$;強度評定値: $F(9,27)=21.68$, $p<.01$)。刺激運動方向(持続時間: $F(1,3)<1$;強度評定値: $F(1,3)=1.11$, $n.s.$),および交互作用(持続時間: $F(9,27)<1$;強度評定値: $F(9,27)=1.63$, $n.s.$)には有意な効果が認められなかった。

　ここで,本実験で用いた前面刺激が,背景刺激をともなわずに単独呈示された場合に誘導される自己運動知覚の強度を測定するために,追加の統制実験を実施した。実験方法および実験参加者はすべて上記実験と同一であった。実験参加者はスクリーン平面上に呈示される注視点を注視したため,前面刺激の両眼視差は実験条件と同等に保たれていたと考えることができる。各前面刺激速度および運動方向条件において誘導されたベクション強度を Fig. 4-1 に重ねて示した。前面刺激を単独呈示した統制実験においては,ベクション強度は刺激運動速度の関数として線形に変化し,刺激運動速度が増加するほど刺激運動とは反対方向への強い自己運動知覚が誘導された。この結果は,刺激運動方向およびベクション強度指標によらず共通であった。

1-4　考察

　前面刺激が背景刺激と直交方向に低速度で運動する場合に,前面刺激と同方向への運動成分を持つベクションが生起した。運動パターンが自己運動知覚に及ぼす影響はその運動と平行な方向に限定され,直交方向への自己運動を誘導することはないと考えられる。したがって本実験の結果は,低速運動する前面刺激が,その運動と同方向への自己運動を誘導する,すなわち観察者の自己運動を捕捉(capture)することを示す。

　これまでのベクション研究では,ベクションは常に視覚刺激運動とは反対方向に誘導されると考えられており,自然環境下における観察者の自己運動と外界の静止対象の網膜上での運動との関係によって整合的に理解されてきた(Gibson, 1979)。実際に,運動パターンを単独呈示した統制条件においては,呈示された刺激の属性が実験条件における前面刺激と全く同一であるにもかかわらず,ベクションは常に視覚刺激の運動とは反対方向に生起している。本実験は,前面刺激と背景刺激とが直交方向に運動するという人工的な(自然環境

ではありえない）刺激設定を用いることによって，視覚刺激運動と同方向，すなわち通常のベクション生起方向とは逆方向へのベクションが誘導されることを明らかにした。ここで，前面刺激によって誘導された同方向への自己運動感覚を，その生起方向の特性から「逆転ベクション（inverted vection）」と呼ぶこととする。

　背景刺激運動によって反対方向に誘導される通常のベクション知覚（以降，通常ベクションと呼ぶ）と，本実験で新たに見い出された逆転ベクションとの間には，以下に示す現象的な差異が存在する。逆転ベクションは前面刺激が低速運動する場合にのみ生起し，刺激運動速度の増加にともなってその効果が消失する。一方通常ベクションは，統制実験の結果に示される様に，刺激運動速度の増加にともなってその強度を増大させる。また，前章の実験から通常ベクションは背景刺激の運動によって誘導されることが明らかであるが，逆転ベクションは前面刺激の運動によって生起する。したがって，2種類のベクション知覚の間には，①奥行き依存性（逆転ベクションは前面刺激，通常ベクションは背景刺激），②速度依存性（逆転ベクションは低速運動，通常ベクションは高速運動），③生起方向（逆転ベクションは刺激運動と同方向，通常ベクションは反対方向）という，3つの差異が存在することになる。

　本実験では，低速運動する前面刺激によって逆転ベクションが誘導されることを示した。しかし，この前面刺激運動が自己運動知覚に及ぼす効果を明確に結論づけるためには，以下の問題を解決しなければならない。第1に，本実験においては前面刺激がベクションに及ぼす影響を分析するために，知覚された自己運動のうち前面刺激運動と平行な運動成分のみに注意を向け，直交する成分を無視するという手続きを用いた。実験参加者はこの課題を容易に遂行することができたが，この様な課題の複雑さが本実験の結果に何らかの影響を及ぼした可能性がある。したがって，より直接的かつ客観的な方法を用いて逆転ベクションを検討する必要がある。

　第2に，本実験では前面刺激の運動によってそれと同方向への逆転ベクションが生起したと結論したが，この知覚現象がHoward & Heckman（1989）の言う「対比運動ベクション（contrast-motion vection）」によるアーチファクトである可能性がある。Howardらは，運動する前面刺激と静止した背景刺激を同

第4章　ベクション知覚に及ぼす前面刺激運動の効果

時に呈示すると，前面刺激の運動方向と同方向への自己運動知覚が生起することを報告した。彼らはこの現象の生起機序を以下の様に説明した。前面刺激の運動による刺激間の相対運動が，前面運動方向とは反対方向への静止背景刺激の見えの運動を誘導する。この背景刺激の見えの運動に基づいて，その運動とは反対方向，すなわち前面刺激運動と同方向への自己運動が誘導される。この考察に基づくと，前面運動刺激と同方向への自己運動知覚を，背景刺激依存，刺激運動方向と逆方向への生起という，これまでのベクション知覚と同一の枠組みで解釈することが可能となる。本実験の刺激状況においても，前面刺激の運動が直交方向に運動する背景刺激の見えの運動に影響を及ぼし，背景刺激の実際の運動成分と前面運動によって誘導された見えの運動成分とのベクトル合成によって，背景刺激の運動方向が実際より前面運動方向と反対方向へ傾いて知覚されていた可能性がある（Loomis & Nakayama, 1973; Post & Chaderjian, 1988）。前面運動と反対方向に傾けられた背景運動に対して反対方向の自己運動が誘導されると考えるならば，見かけ上前面刺激と同方向にベクションが生起することになる。

　序論において述べた様に，ベクション知覚は運動刺激の物理的な属性のみによって規定されるのではなく，その見えの運動によって影響を受ける。このことを考慮に入れると，前面刺激運動の影響を受けた背景刺激の見えの運動が自己運動知覚に影響を及ぼしたとする上述の考えには，ある程度の妥当性があると見なすことができる。したがって，本実験の結果からのみでは，前面刺激の運動が直接同方向への自己運動を誘導することが可能なのか，もしくは背景刺激の運動知覚に影響を及ぼすことによって間接的に自己運動知覚に関与しているのかを分離することは不可能である。

　本章における後続の実験において，自己運動強度測定指標の妥当性（実験3-2）と，背景刺激の運動知覚の変化の影響（実験3-3）に関し検討を行なう。

●第2節　実験3-2

2-1　目的

　本実験では，より客観的な逆転ベクションの検討手法として，自己運動生起方向の測定を実施する。前述のごとく，前面刺激と背景刺激とが直交方向に運動する場合には，それぞれの刺激によって誘導される自己運動がベクトル合成され，知覚される自己運動方向が決定される。したがって，ベクションの生起方向を分析することによって，垂直・水平両方向に誘導されたベクション成分，すなわち前面刺激と背景刺激とがそれぞれ誘導する自己運動成分の相対的な強度を測定することが可能となる。また，実験3-1において測定された持続時間および強度評定値も同様に測定した。

2-2　方法

2-2-1　刺激条件

　実験条件として4種類の前面刺激運動速度を設定した（2.5, 5.0, 7.5, 15.0 deg/sec）。背景刺激運動速度はすべての条件において25 deg/secであった。刺激運動方向は，前面刺激は水平方向，背景刺激は垂直方向とした。

2-2-2　手続き

　視覚刺激は実験3-1と同一であった。ただし，刺激運動方向を固定し，常に前面刺激は右方向へ，背景刺激は上方向へ運動した。
　実験参加者は，任意の方向を指示することの可能なジョイスティックを用いて，刺激観察中に知覚された自己運動の方向を報告した。ジョイスティックは，A/D変換ボード（VME Microsystems VMIVME3118）を介してグラフィクスコンピュータに接続した。刺激観察終了後，実験参加者は実験3-1と同様に，前面刺激と平行な自己運動成分の強度を評定した。さらに実験参加者は，刺激観察中に知覚された自己運動の方向を記録用紙上へ線分描画することで再生し

第4章 ベクション知覚に及ぼす前面刺激運動の効果

た。

2-2-3 結果の整理

　ジョイスティックによって示された自己運動方向の情報は，サンプル周期60 Hz，分解能16 bitでコンピュータに取り込まれ，各サンプル期間におけるジョイスティック角度が算出された。次に，一試行中に計測されたジョイスティック角度の平均値を算出し，それをその試行における自己運動方向の測定値とした。また，記録用紙に描画された自己運動方向についても，同様に角度を計測した。

　すでに述べた通り，前面刺激と背景刺激とが直交方向に運動する刺激条件下においては，それぞれの刺激によって誘導される運動成分のベクトル合成方向に自己運動知覚が生起する。ここで本実験では，背景刺激は上方向に一定の速度で運動していたため，各試行において誘導される自己運動の垂直方向成分は常に一定であったと考えることができる。したがって，自己運動方向は前面刺激が誘導する水平方向への自己運動成分の強度によって決定され，自己運動方向が垂直軸となす角度の余接（タンジェント）の値が，前面刺激が誘導する自己運動成分の強度を反映することとなる。たとえば，前面刺激が誘導する水平方向の自己運動成分がより強い場合には，自己運動方向が背景刺激の誘導する垂直方向からより大きく変位することとなる（Fig. 4-2）。この議論に基づき，ジョイスティックおよび線分描画によって示された自己運動方向角度の余接を，

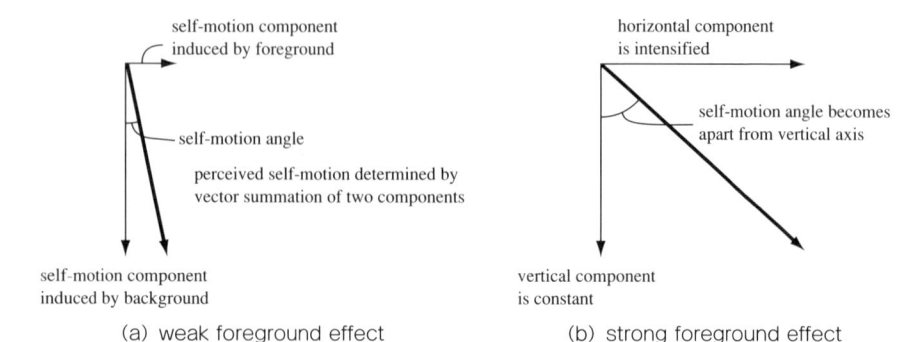

Fig. 4-2 Schematical illustration of hypothesis in experiment 3-2

前面刺激によって誘導された水平方向への自己運動成分の強度の指標として各試行ごとに算出した。さらに，ジョイスティックが示す自己運動方向情報から，試行中に前面刺激運動と平行な成分をもつ自己運動が生起した時間を集計し，その持続時間を計算した。

以上の議論をふまえ，本実験ではジョイスティックもしくは線分描画によって示された自己運動方向角度，持続時間，強度評定値を，前面刺激運動と平行な自己運動成分の強度の指標とした。ここでは逆転ベクションを検討対象としているため，前面刺激運動と同方向への自己運動が正の，反対方向への自己運動が負の値を示すよう測定値に符号を与えた後に，各指標の実験参加者間平均値を算出した。

2-3 結果と考察

Fig. 4-3 に，前面刺激速度の関数として，各指標の変化を示した。各指標の示す変化は非常によく似ており，指標間で一貫した以下の傾向を示した。前面刺激運動速度が 5.0 deg/sec 条件では，前面刺激運動と同方向への強い運動成分を持つ自己運動が生起した。一方，前面刺激がそれ以上（7.5, 15 deg/sec），もしくはそれ以下（2.5 deg/sec）となる条件では，前面運動と平行な自己運動成分が減少した。1要因分散分析の結果，すべての指標において有意な前面刺激速度の主効果が認められた（持続時間：$F(3,9)=23.78$, $p<.01$；強度評定

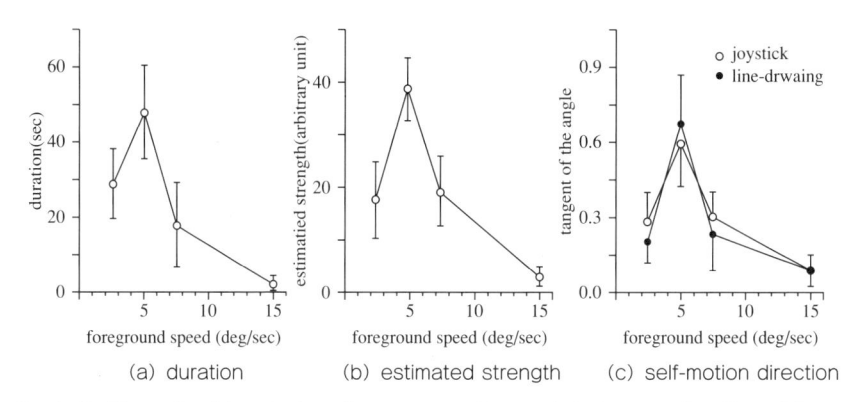

Fig. 4-3 Strength of inverted vection measured by each index as a function of foreground speed (Exp. 3-2)

値：$F(3,9)=21.97$, $p<.01$；ジョイスティック：$F(3,9)=18.91$, $p<.01$；線分描画：$F(3,9)=22.81$, $p<.01$）。この結果は，低速度で運動する前面刺激が，その運動と同方向への運動成分を持つ自己運動，すなわち逆転ベクションを誘導するという，実験3-1の結果と一致するものである。また，最も低速な前面運動条件では逆転ベクション強度が低下した。これは，逆転ベクションを誘導する前面刺激運動速度の有効範囲に下限があることを示している（実験3-1の結果においても，同様に前面刺激速度5.0 deg/secをピークとして逆転ベクション強度が低下している）。

Table 4-1に，逆転ベクション強度を示すそれぞれの指標間の相関を，ピアソンの積率相関係数を用いて示した。それぞれの指標が互いに強い正の相関を示しており，各指標によって測定された逆転ベクション強度が非常によく一致していることが理解できる。

Table 4-1 Peason's coefficient of correlation between each index of inverted vection (Exp. 3-2)

	duration	estimated strength	joystick
estimated strength	.84	—	
joystick	.89	.88	—
line-drawing	.90	.87	.91

本実験において，ジョイスティックもしくは線分描画による自己運動方向の指示という，より客観的な手続きで計測された逆転ベクション強度が，実験3-1で用いた指標（持続時間および強度評定値）で測定された強度と非常によく一致することが示された。したがって，実験3-1において見い出された逆転ベクションは，前面刺激と平行な自己運動成分のみに注意を向け，直交方向への自己運動を無視するという，複雑な手続きによって生じたアーチファクトではないと結論することができる。本実験によって，逆転ベクション強度を示すそれぞれの指標は互いによく一致することが確認された。そこで以降の実験では，手続きを簡易なものとするため，逆転ベクションの強度測定に際し持続時間および強度評定値を指標として用いることとする。

● 第3節　実験3-3a・実験3-3b

3-1　目的

　前面刺激運動が背景刺激の見えの運動を誘導し，その背景刺激の見えの運動が，見かけ上前面刺激と同方向へのベクションを引き起こすと考える「対比運動ベクション」が，逆転ベクションの成立要因である可能性を検討する。前面刺激として垂直方向に運動するランダムドットパターンを，背景刺激として水平方向に運動する垂直ストライプパターンを用いることによって，背景刺激が前面刺激の運動方向に輝度勾配を持たない刺激布置を作り出すことができる[*4]。この様な刺激条件においては，前面刺激の運動は背景刺激の知覚される運動方向に影響を及ぼすことはない（Shiffrar, Li & Lorenceau, 1995）。したがって，もし逆転ベクションが前面刺激運動による背景刺激運動方向の知覚的変化によるものであるならば，上述の刺激状況においては逆転ベクションが生起しないか，少なくともその強度は減少するはずである。

　実験3-3aでは，垂直運動する前面刺激運動が背景となる垂直ストライプパターンおよびランダムドットパターンの知覚運動方向に及ぼす影響を比較するために，観察者に背景刺激の運動方向を報告させる試行を行なった。実験3-3bでは，背景刺激が垂直ストライプパターンの条件とランダムドットパターンの条件の間で，誘導される逆転ベクションに差異があるか否かを検討した。

[*4]　水平運動する前面刺激と垂直運動する水平ストライプパターンによる背景刺激を用いても，同様に刺激間の相対運動が生起しない刺激布置を実現することが可能である。しかしながら，水平ストライプパターンに対しては，本研究において視覚刺激の3次元呈示に用いている水平両眼視差を設定することができない。したがって，垂直ストライプパターンを含む上述の刺激配置を用いることとした。

3-2 実験3-3a
3-2-1 方法
[刺激]

垂直ストライプパターンとランダムドットパターンの2種類の背景刺激条件を設定した。ストライプパターンは，それぞれ幅7.5 degの輝度7.8 cd/m^{2}の明ストライプと1.2 cd/m^{2}の暗ストライプから構成された（矩形波；コントラスト0.73；空間周波数0.067 cpd）。ランダムドットパターンによる背景刺激，およびその他の刺激構成要素（前面刺激と注視点）は，前述の実験で用いられた刺激と同一であった。背景刺激は，すべての試行において右方向に25 deg/secの速度で運動した。前面刺激は下述する刺激条件にしたがって設定された運動速度で上方向へ運動した。Fig. 4-4に本実験で用いた刺激を模式的に図示する。

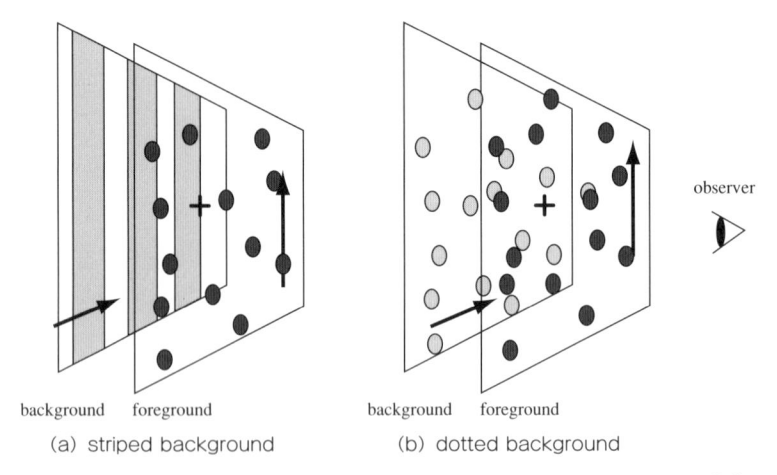

Fig. 4-4 Schematical representation of the stimuli used in experiments 3-3a and 3-3b

[刺激条件]

実験条件として，背景刺激の種類（ランダムドットもしくはストライプパターン）と前面刺激速度の2要因を操作した。これまでの実験から，前面刺激運動速度が5 deg/secの場合に最も強い逆転ベクションが生起し，15 deg/sec以上で運動する前面刺激はほとんど逆転ベクションを誘導しないことが示されて

いる。そこで，前面刺激運動速度条件として低速度条件（5 deg/sec）と高速度条件（25 deg/sec）の2水準を設定した。

[実験参加者]

これまでの実験に参加していない3名の実験参加者（男性2名，女性1名；年齢27〜35歳）が参加した。

[手続き]

実験参加者は背景刺激の知覚された運動方向をジョイスティックにより報告した（角度測定方法は実験3-2に準じた）。120秒間の観察時間中に計測されたジョイスティック角度の平均値を算出し，前面刺激運動により生じた背景刺激の運動方向の知覚的バイアス（実際の背景刺激の運動方向と知覚された運動方向との差異）を求めた。前面刺激運動方向とは反対方向のバイアスに正の値を，同方向へのバイアスに負の値を与えた。

3-2-2 結果と考察

Fig. 4-5に，背景刺激の知覚運動方向のバイアスを前面刺激運動速度の関数として示した。ストライプ背景条件では，背景刺激の知覚運動方向に及ぼす前面刺激の影響はほとんどなく，背景刺激はほぼ水平方向に運動して知覚された。一方ランダムドット背景条件では，背景刺激の知覚運動方向が前面刺激運動とは反対方向にバイアスを受け，その効果は高速前面刺激運動においてより顕著なものとなった。2要因分散分析を行なった結果，背景刺激の種類の主効果（$F(1,2)=55.49$, $p<.05$），前面刺激運動速度の主効果（$F(1,2)=21.56$, $p<.05$），および両者の間の交互作用（$F(1,2)=50.17$, $p<.05$）が有意となった。

本実験によって，背景刺激が垂直ストライプパターンの場合には，垂直方向に運動する前面刺激は背景刺激の知覚運動方向に影響を及ぼさないことが明らかとなった。したがって，対比運動ベクションと同様に，逆転ベクションが前面刺激運動による背景刺激運動方向の知覚的バイアスに起因するならば，その様な条件では逆転ベクションは生起し得ないことになる。実験3-3bにおいてこの仮説を検証する。

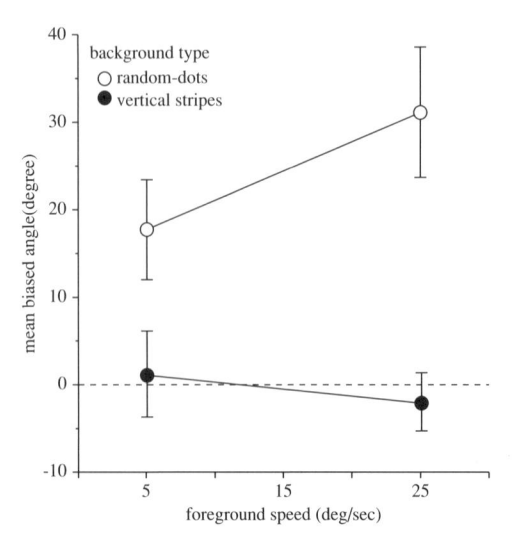

Fig. 4-5 Mean biased angle of perceived background motion as a function of the foreground speed (Exp. 3-3a)

3-3　実験 3-3 b

3-3-1　方法

[刺激および刺激条件]

実験 3-3 a と同じ視覚刺激を用いた。刺激条件も実験 3-3 a に準じた。

[手続き]

実験 3-1 と同じ手続きを用いて逆転ベクションの強度を計測した。逆転ベクションの強度の指標として，前面刺激運動方向と平行な垂直方向の自己運動知覚の持続時間と強度評定値とを計測した。これまでのベクション実験に参加した 4 名の実験参加者が本実験に参加した。

[結果と考察]

Fig. 4-6 に，逆転ベクションの持続時間と強度評定値を，前面運動速度の関数として背景刺激条件ごとに示す。ランダムドットパターン，ストライプパターン双方の背景刺激条件において，低速前面運動条件では強い逆転ベクションが生起した。一方高速前面運動条件では，背景刺激条件にかかわらず，前面刺

激と平行な自己運動知覚はほとんど生起しなかった。すなわち，低速・高速両前面運動条件において，背景刺激条件間で自己運動強度に差異はなかった。2要因分散分析の結果，前面運動速度条件の主効果のみ有意となり（持主続時間：$F(1,3)=42.19$, $p<.01$；強度評定値：$F(1,3)=56.6$, $p<.01$），背景刺激条件の主効果（持続時間：$F(1,3)<1.0$；強度評定値：$F(1,3)<1.0$），および交互作用（持続時間：$F(1,3)<1.0$；強度評定値：$F(1,3)=1.67$, $n.s.$）は有意とならなかった。

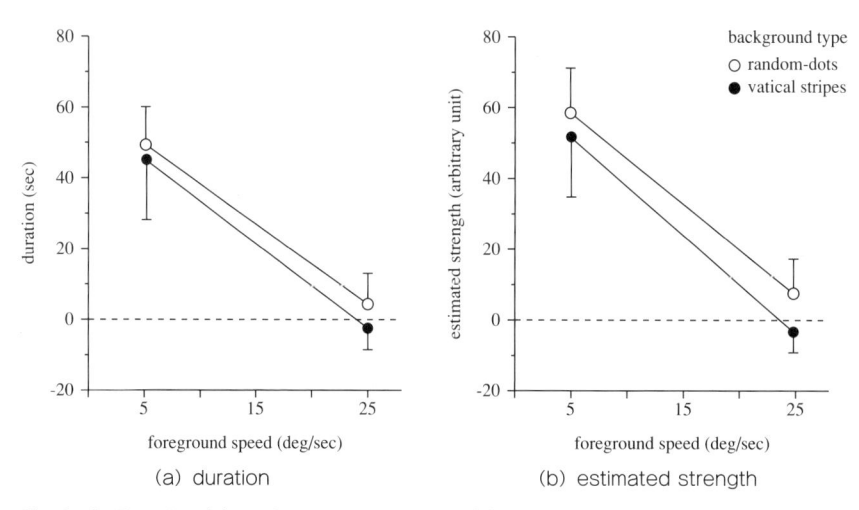

Fig. 4-6 Duration (a) and estimated strength (b) of inverted vection as a function of the foreground speed in dotted and striped background conditions (Exp. 3-3b)

本実験において，垂直運動する前面刺激と水平運動する垂直ストライプパターンによって構成された背景刺激との組み合わせによっても，ランダムドットパターンで構成された背景刺激を呈示した場合と同程度の強度の逆転ベクションが誘導されることが示された。実験3-3aにおいて，垂直ストライプパターンが背景刺激として呈示される刺激条件では，垂直方向に運動する前面刺激が背景刺激の知覚運動方向に影響を及ぼさないことが確認されている。したがって本実験の結果は，逆転ベクションが前面刺激と背景刺激との間の相対運動，およびそれにともなう背景刺激の見えの運動方向の変化によって生起するという仮説とは整合せず，それを棄却する根拠となりえる。さらに実験3-3aでは，

第4章　ベクション知覚に及ぼす前面刺激運動の効果

前面刺激運動が背景ランダムドットパターンの知覚運動方向に及ぼす影響が，低速前面刺激運動よりも高速前面刺激運動において大きなものとなることが示されている。逆転ベクションが背景刺激の知覚運動方向のバイアスに起因する現象であるならば，高速前面刺激運動によって逆転ベクションがより強く誘導されるはずである。しかしながらこれまでの実験において一貫して示されている様に，逆転ベクションは比較的低速度の前面刺激運動によってのみ誘導される。この結果も，背景刺激の知覚運動方向のバイアスが逆転ベクションの原因であるとする仮説を否定するものである。

●第4節　討　　論

4-1　前面刺激が自己運動知覚に及ぼす影響

　本章の諸実験において，低速運動する前面刺激によってそれと同方向への自己運動知覚が誘導されることが示された。これまでの一連のベクション研究では，背景刺激がベクション知覚を規定しており，前面刺激運動は自己運動知覚に影響を及ぼさないと考えられてきた。本研究は，これまでのベクション研究では無視されてきた前面刺激が，背景刺激とは独立に，自己運動知覚に特異的な影響を与えることを明らかにした。さらに本研究によって新たに見い出された前面刺激が誘導するベクション知覚は，その運動と同方向に生起した。これまでの研究では，ベクションは常に視覚刺激の運動方向と反対方向に誘導されると考えられてきており，自然環境下における実際の自己運動とその際の外界の静止対象の網膜像運動との対応によって理解されてきた。もし，前面刺激と背景刺激との運動が単純にベクトル合成され，その合成運動と反対方向へ自己運動が誘導されると考えるならば，もしくは前面刺激と背景刺激とがそれぞれの運動方向と反対方向への自己運動知覚を誘導し，それらの自己運動成分がベクトル合成されると考えるならば，前面刺激運動と反対方向への運動成分を持った自己運動が知覚されるはずである。したがって，逆転ベクションの生起は，自然環境における実際の自己運動と網膜像運動との対応関係では説明すること

はできない。

　前章実験2-4において，前面刺激を背景刺激と同方向に低速度で運動させると，強いべクションの抑制が生起することが示されている。この結果は，前面刺激と背景刺激との間の相対運動がべクション強度を規定するとしたHoward & Howard（1994）の仮説では説明不可能であった。ここで，本章の実験で得られた逆転べクションの知見に基づき，上記のべクション抑制の成立機序を以下のごとく解釈することができる。前面刺激が背景運動と同方向へ低速度で運動する刺激条件においては，前面刺激が刺激運動方向への逆転べクションを，背景刺激が刺激運動とは反対方向への通常べクションを誘導する。この様な場合には，前面刺激と背景刺激とが誘導する自己運動が互いに反対方向に生起するため，自己運動の相殺が生じ，結果として自己運動知覚の強い抑制が生じることとなる。この様に逆転べクションの考えを用いることによって，実験2-4で確認された前面刺激の同方向低速運動によるべクション抑制を整合的に説明することが可能である。べクション抑制が生じる前面運動速度の範囲と，逆転べクションを誘導する前面刺激速度とがほぼ一致するという実験結果（Fig. 3-8およびFig. 4-1参照）は，上記の考察を支持するものとなろう。また，このべクション抑制が生起する前面刺激速度の範囲は，背景刺激の運動速度には影響されないことが示されている。このことは，前面・背景両刺激間の相対運動速度がべクション抑制の規定因とはなり得ないことを端的に示しており，前面刺激と背景刺激とがそれぞれ独立に自己運動知覚に影響を及ぼし，その後それぞれの運動によって誘導された自己運動，すなわち逆転べクションと通常べクションが相殺されるとする考察と整合するものである。

4-2　他の知覚現象との比較

　ここで，逆転べクションの成立機序に関する考察を行なう前に，逆転べクションと類似した他の知覚現象に関して言及する。Duffy & Wurtz（1993, 1995）は，拡大運動するランダムドットパターンと，平行運動するランダムドットパターンとを重ねて呈示した場合に，拡大運動パターンの拡大中心（focus of expansion; FOE）の位置が，平行運動パターンの運動方向に変位して知覚されることを報告した（Fig. 4-7）。一方，平行運動パターンと拡大運動パターンとの

第4章 ベクション知覚に及ぼす前面刺激運動の効果

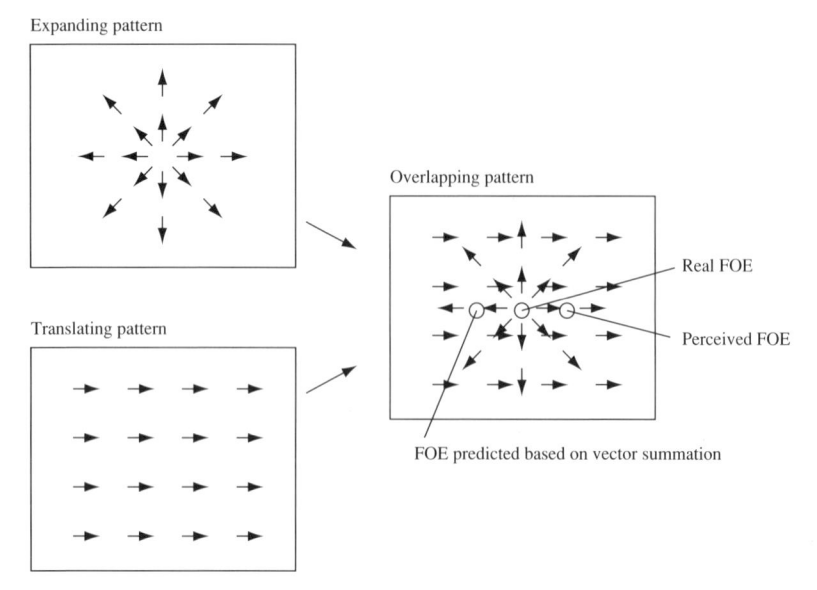

Fig. 4-7 The illusory shift of FOE (Duffy & Wurtz, 1993)

運動成分をベクトル合成して呈示すると，合成運動パターンの FOE は平行運動パターンとは反対方向へシフトする。しかしながら，両運動パターンを重ねた状態で呈示すると，パターン運動のベクトル合成から予測された方向とは反対方向（平行運動と同方向）へ FOE がシフトして知覚される。

また Royden & Hildreth (1996) は，現実環境における自己運動による外界の静止対象の網膜上での運動を模擬した視覚刺激（オプティカルフロー）の観察による自己運動方向の判断が，オプティカルフローの手前でそれとは独立に運動する対象を呈示することによって系統的なバイアスを受けることを示した。観察者のシミュレートされた進行方向を横切る形で独立運動対象を呈示すると，自己運動方向が独立運動対象の運動方向に変位して知覚されるのである。ここで，この自己運動方向の変位が，独立運動対象の運動とオプティカルフローパターンの運動とのベクトル合成に基づく予測とは反対方向となっていることに注意しなければならない。

上記の2つの現象は，付加的な運動対象の呈示による観察者の自己運動知覚への影響が，要素運動のベクトル合成による予測とは反対方向に生じていると

いう点において，逆転ベクションと類似した知覚現象であると考えることができる。

4-3　逆転ベクションの成立機序

本節では，逆転ベクションおよび前項で述べた運動知覚現象の生起機序に関し議論を行なう。これらの現象の成立要因としてまず最初に考えなければならない可能性は，2つの運動パターン間の相対運動の関与であろう。Meese, Smith & Harris (1995) は，Duffyらの見い出したFOE変位を，視覚対象の誘導運動知覚，もしくは同時運動対比（simultaneous motion contrast; Loomis & Nakayama, 1973）によって説明可能であるとした。同時運動対比によって，対象の運動方向が隣接する視覚対象の運動とは反対方向に偏向して知覚される。上述のFOE変位の刺激状況では，重ねて呈示した平行パターンの運動が，拡大パターンを構成しているドットに反対方向への見えの運動を誘導し，誘導された運動成分と実際の拡大運動成分とがベクトル加算されることとなる。この過程によって，拡大パターンのFOEの位置が，平行運動パターンによる誘導運動成分とは反対方向，すなわち平行パターンの運動方向に変位して知覚される。Grigo & Lappe (1998) もこれと同様の考察を行なっている。

またRoyden & Hildreth (1996) も，彼らの見い出した独立運動対象の自己運動方向判断への影響を，対象間の相対運動に関する知覚現象である運動反発効果（motion repulsion effect; Marshak & Sekuler, 1979）によって説明している。この現象は，空間的に近接した領域に呈示された対象の運動方向の差異が，実際の差異よりも過大視されるというものである。Roydenらは，独立運動対象の運動が，運動反発効果によってオプティカルフローパターンを構成しているドットの運動方向の知覚に影響を及ぼすと考えた。運動反発効果によって知覚的に変化したドットの運動方向によってFOEが独立運動対象の運動方向に変位し，その変位して知覚されたFOEに基づいて自己運動方向が知覚される。前述した様に，独立運動対象が，シミュレートされた観察者の運動方向を横切る場合，すなわちオプティカルフローのFOEの近傍を通過する場合にのみ，自己運動方向知覚の変位が生じる。この結果は，運動反発効果が空間的に近接して呈示された対象間のみに働くことと対応し，自己運動方向知覚の変位が運

第4章　ベクション知覚に及ぼす前面刺激運動の効果

動対象間の局所的な相互作用に依存することを示す根拠の1つとなり得る。
　以上の現象はすべて，対象間の相対運動が自己運動知覚に重要な役割を果たしていることを示している。またこのことは，対象間の相対運動がベクション知覚に非常に強い影響を及ぼすとするHowardらの主張と一致するものである（Howard & Heckman, 1989; Howard & Howard, 1994）。もし，逆転ベクションもこの様な視覚対象間の相対運動によって生起するのならば，低速度運動する前面刺激によってのみ逆転ベクションが誘導可能であるという，その速度依存性を説明することが可能となる。対象間の相対運動は，運動対象の視空間内での絶対運動よりも検出閾が低いため，相対運動の検出閾を超え，絶対運動のそれを下回る対象の運動知覚は相対運動のみによって規定されることとなる。したがって，より低速の対象運動において相対運動の効果がより強く現われるからである（Dunker, 1929; Reinhardt-Rutland, 1988）。
　しかしながら，実験3-3によって明らかにされている様に，前面刺激と背景刺激との間の相対運動は，逆転ベクションの第1の成立要因とはなりえない。Duffy & Wurtz（1993）も，同様に相対運動に基づく説明を否定し，平行運動パターンが眼球運動情報の錯誤を引き起こすとする仮説に基づいて，彼らの見い出したFOE変位を説明する立場を取っている（Pack & Mingolla（1998）もFOE変位に関し同様の立場からの説明を試みている）。Duffyらは，拡大パターンに重ねて呈示された平行運動パターンが，それとは反対方向への眼球運動情報の誤登録（mis-registration）を引き起こすと考えた。視野全体における視覚刺激の平行運動は，それとは反対方向への眼球運動を指し示す情報として機能することが知られており（e.g., Nakamura, 1996, 1997），Duffyらの上記の仮定は妥当なものであると考えられる。ここで，観察者が眼球運動を行ないながら前方へ移動した場合には，外界の静止対象の網膜上での運動は，前進運動による拡大運動成分と，眼球運動による平行運動成分とがベクトル合成されたものとなり，そのFOEは眼球運動方向に変位する（Reagan & Beverly, 1982）。したがって，観察者が網膜像運動のFOEに基づいてその進行方向を判断しているのならば，当然それは眼球運動方向に偏向したものとなるはずである。しかしながら観察者は，この様にバイアスを受けたオプティカルフローパターンが網膜上で生じている場合においても，それを眼球運動情報で補正することによ

って正しく自己運動方向を判断することが可能である（e.g., Royden, Banks & Crowell, 1992; Royden, 1994; Royden, Crowell & Banks, 1994; Banks, Ehrlich, Backus & Crowell, 1996）。この眼球運動情報による補正は，知覚される自己運動方向を眼球運動とは反対方向へシフトさせることによって実現される。したがってDuffyらの実験状況においては，誤登録された眼球運動情報に基づいて拡大フローが評価され，そのFOEの位置（＝前進運動方向）が誤登録された眼球運動方向とは反対方向，すなわち平行運動パターンの運動方向へ変位して知覚されたと考えることができる。Duffyらは以上の議論に基づき，平行運動パターンによる眼球運動情報の誤登録を仮定することによって，彼らの見い出したFOEの知覚的変位を説明した。

逆転ベクションに対しても，Duffyらの説明と同様に，眼球運動情報の関与を仮定することによって説明を行なうことが可能である。Postらは，視覚対象の誘導運動知覚の成立メカニズムに関する理論として，以下に述べるニスタグマス抑制説（nystagmus supression theory; Post, Shupert & Leibowitz, 1984; Post & Leibowitz, 1985; Post, 1986; Heckman & Post, 1988）を提出している（Fig. 4-8）。

1）静止している被誘導対象（induced target）を取り囲む形で運動する誘導パターン（inducing pattern）が呈示されると，その運動方向への反射的な眼球運動（例えば視覚誘導性眼震；optokinetic nystagmus）が潜在的に誘導される。

2）しかしながら，静止対象（ここでは被誘導対象）への持続的注視により，この反射的眼球運動は抑制され，実際には眼球運動は生起しない。この状況は，反射的な眼球運動をそれとは反対方向への意図的な追跡眼球運動（pursuit eye-movement）によって相殺した場合と等価であり，誘導パターンの運動とは反対方向への追跡眼球運動の意図（眼球運動指令情報）が，対象運動知覚の決定プロセスである比較相殺過程に誤登録される（比較相殺過程については第1章第4節参照のこと）。

3）ここで対象の網膜像は，実際には眼球運動がなされていないので，網膜上で運動することはない。比較相殺過程において，静止している被誘導対象の網膜像が，誤登録された眼球運動情報と統合されることによって，誤登録された眼球運動方向，すなわち誘導パターン運動とは反対方向への被誘導対象の見

第4章 ベクション知覚に及ぼす前面刺激運動の効果

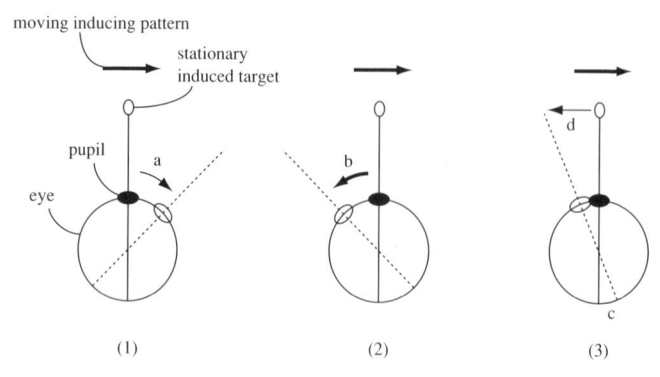

Fig. 4-8 Schematical illustration of nystugmus supression hypothesis (e.g., Post, 1986)
(1): Inducing pattern potentially evokes observer's reflexive eye-movement in the direction of its motion (a)
(2): Fixation toward the stationary induced target inhibits such an eye-movement, and information about pursuit eye-movement in the opposite direction to the Inducing pattern (b) is mis-registered in the cancellation process.
(3): Stationary retinal image of the induced target (c) is evaluated with mis-registered information and induced motion of the target in the direction of mis-registered eye-movement, i.e., in the opposite direction to the Inducing pattern's motion (d) is perceived.

えの運動が生起する。実際に運動する視覚対象を追視する場合には，その対象の網膜像は運動しない。したがって，眼球運動情報と静止網膜像情報とから，眼球運動方向への視覚対象の運動を知覚することは，実際の視覚対象の運動と正しく対応した運動を知覚するために妥当な処理であると考えることができる（e. g., Helmholtz, 1866; Holst, 1954）。

本研究において検討した逆転ベクション知覚が生起する状況においても，前面刺激の運動が，それと同方向への反射的眼球運動を潜在的に引き起こすと考える。さらに，静止対象への注視による眼球運動反射の抑制によって，反射的眼球運動と反対方向への意図的な追跡眼球運動に関する情報が知覚情報処理過程に誤登録される。ここで，背景刺激が上へ，前面刺激が右へ運動している場面を仮定してみよう。自己運動知覚の第一の決定要因である背景刺激の運動により，下方向（背景刺激運動と反対方向）への自己運動知覚が誘導される。前面刺激運動は，ニスタグマス抑制を通じて，左方向（前面刺激運動と反対方

向）への眼球運動情報の誤登録を生じさせる。前述した様に，知覚情報処理過程に登録された眼球運動情報は，知覚される自己運動をそれとは反対方向へシフトさせるはたらきを持つ（e. g., Royden, Banks & Crowell, 1992）。したがって，ニスタグマス抑制により誤登録された眼球運動情報（左方向）は，それとは反対方向，すなわち前面刺激運動方向（右方向）に自己運動知覚を偏向させる。この議論に基づき，前面刺激運動方向への逆転ベクションの生起を整合的に説明することができる。

　以上，展開した眼球運動情報の誤登録に基づく逆転ベクションの説明では，自己運動知覚の第一義的決定要因である背景刺激の運動により誘導された自己運動知覚を，前面刺激の運動が修飾すると考えている。この説明は，自己運動知覚における前面刺激の役割が修飾的なものであるとする点において，Howard & Heckman（1989）の対比運動ベクションと類似点を持つと考えることができる。前面刺激の効果が修飾的なものに限定されるということは，静止背景刺激の手前に呈示された前面刺激運動は自己運動を誘導しないこと（第3章実験2-1），さらには背景刺激をともなわず単独呈示された前面刺激の運動は，その運動速度がどの様なものであれ，刺激運動方向とは反対方向への自己運動知覚（通常ベクション）を誘導すること（実験3-1統制条件），によって端的に示されている。

　本節で展開した眼球運動情報の誤登録の概念を用いた逆転ベクションに関する議論は，あくまで仮説的なものである。次章では，逆転ベクションの生起およびその強度に影響を及ぼす視覚刺激要因を分析し，逆転ベクションの生起メカニズムに関し詳細な検討を行なうことによって，上述の仮説の妥当性を検証する。

第5章
逆転ベクションに影響を及ぼす視覚刺激要因の効果[*5]

　本章では，逆転ベクション知覚に影響を及ぼす視覚刺激要因，および逆転ベクション知覚にともなう眼球運動特性の変容を検討し，前章において提起した逆転ベクション知覚の成立機序に関する仮説の検証を行なう。

　前章において，前面刺激が潜在的に誘発する反射的眼球運動，および静止対象への持続的注視によるその抑制によって眼球運動情報の誤登録が生じ，それに基づき逆転ベクションが生起するという議論を展開した。この議論に基づくと，反射的眼球運動がより強く誘発される刺激状況において眼球運動情報の誤登録が促進され，より強い逆転ベクションが生起することが予測される。

　これまでの種々の検討によって，反射的眼球運動のゲイン（眼球運動速度と視覚刺激運動速度との比）に大きな影響を及ぼす視覚刺激要因が明らかにされている。例えば，運動パターンが視野中心部に呈示された場合には，視野周辺部に呈示された場合に比べてより強い反射的眼球運動が生じる（Barnes & Hill, 1984; Howard & Ohmi, 1984; Murasugi, Howard & Ohmi, 1986, 1989）。また，運動パターンが観察者の輻輳平面と奥行き的に近接して呈示される場合には，両者の間に奥行き的な隔たりがある場合よりも強い眼球運動が誘発される（Howard & Gonzalez, 1987; Howard & Simpson, 1989; Kawano, Inoue, Takemura & Miles, 1994; Busettini, Masson & Miles, 1996）。前述の逆転ベクションに関する仮説が正しければ，これらの反射的眼球運動がより強く誘導される状況において，より強い逆転ベクションが生起するはずである。そこで，実験4

[*5]　本章の内容の一部は，Nakamura & Shimojo (2003)，および Nakamura (2004) において報告された。

第5章　逆転ベクションに影響を及ぼす視覚刺激要因の効果

-1においては前面刺激呈示領域が逆転ベクションの強度に及ぼす影響を検討し，つづいて実験4-2においては前面刺激と注視点（観察者の輻輳平面）との間の奥行き距離の効果を検討する。

●第1節　実験4-1a・実験4-1b

1-1　実験4-1a

1-1-1　目的

本実験では，前面刺激の刺激呈示領域が逆転ベクションに及ぼす影響を検討する。

1-1-2　方法

[刺激]

前章実験3-1で用いた刺激と同様の視覚刺激を用いた。背景刺激は25 deg/secの速度で上方向へ，前面刺激は5 deg/secの速度で右方向へ運動した。この前面運動速度は，前章の諸実験において最も効率的に逆転ベクションを誘導する条件である事が確認されている。背景刺激は常にスクリーン全面に呈示されたが，前面刺激は後述する刺激条件設定にしたがってその呈示領域を変化させた。Fig. 5-1に本実験において用いた刺激を模式的に図示する。

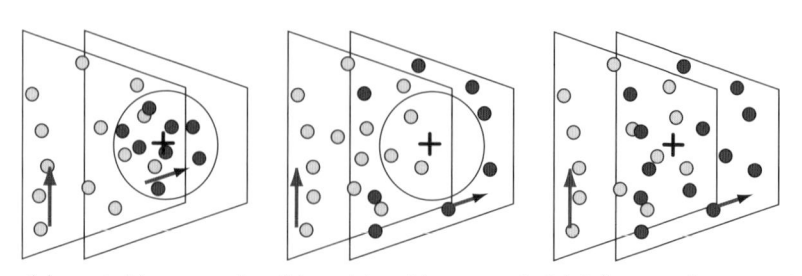

(a) central foreground　　(b) peripheral foreground　　(c) full-screen foreground

Fig. 5-1 Schematical representation of the stimuli used in experiment 4-1a

[刺激条件]

　刺激条件として前面刺激呈示領域を操作し，以下の3種類の条件を設定した。全面刺激条件ではスクリーン全面（60 deg×90 deg）に前面刺激が呈示された。一方，中心刺激条件ではスクリーン中心部の円形領域（半径30 deg）のみに，周辺刺激条件ではスクリーン周辺部の円環様領域（中心半径30 deg）のみに前面刺激が呈示された。前面刺激呈示面積は，中心刺激条件においては2826 deg^2，周辺刺激条件においては2574 deg^2，全面刺激条件においては5400 deg^2 であった。中心および周辺の両刺激条件間の前面刺激呈示面積の差異はスクリーン面積の10%未満であり，両条件間で前面刺激呈示面積はほぼ同等であったと見なし得る。一方，全面刺激条件においては，前面刺激呈示面積が中心刺激条件および周辺刺激条件の約2倍となっていた。

[手続き]

　実験3-1と同一の手続きを用いた。逆転ベクションの強度の指標として，前面刺激運動と平行な方向（水平方向）への自己運動の持続時間と強度評定値とを計測した。

1-1-3　結果と考察

　Fig. 5-2に，各前面刺激呈示領域条件における逆転ベクションの持続時間と強度評定値を示す。全面刺激および中心刺激の両条件では，ほぼ同程度の強度の逆転ベクションが得られた。一方，周辺刺激条件では逆転ベクションの生起は認められなかった。1要因分散分析の結果，前面刺激呈示領域条件の有意な主効果が認められた（持続時間：$F(2,6)=14.43$, $p<.01$，強度評定値：$F(2,6)=27.49$, $p<.01$）。

　第2章第1節の実験1-1において，刺激呈示面積が同一であるならば，スクリーン中心部に呈示された運動刺激も周辺部のそれも，同程度の強度の通常ベクションを誘導することが示されている。しかしながら本実験では，前面刺激呈示面積がほぼ同一であるにもかかわらず，中心刺激条件で逆転ベクションが有効に誘導されたのに対し，周辺刺激条件では逆転ベクションの生起は認められなかった。これらの実験結果から，逆転ベクションと通常ベクションとでは，刺激呈示領域の持つ効果が異なっていることが明らかとなった。さらに本

第5章　逆転ベクションに影響を及ぼす視覚刺激要因の効果

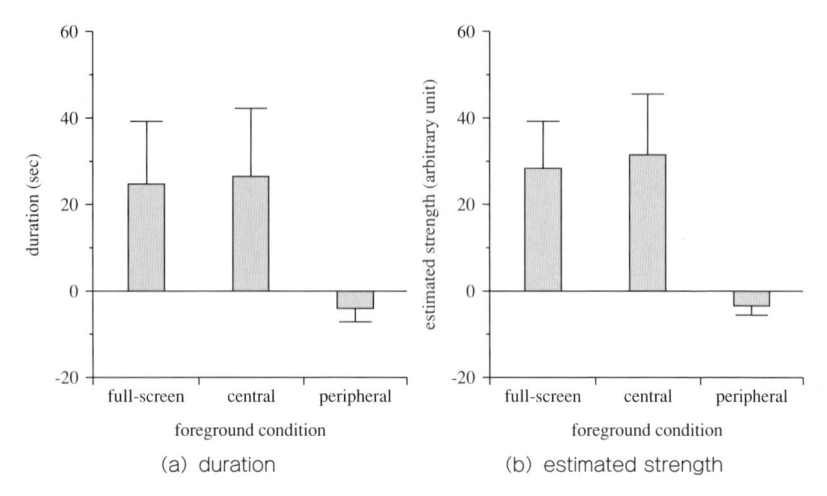

Fig. 5-2 Duration (a) and estimated strength (b) of inverted vection in each foreground condition (Exp. 4-1a)

　実験の結果においては，全面刺激条件と中心刺激条件との間に逆転ベクション強度の差異は認められなかった。全面刺激条件では，前面刺激呈示面積が中心刺激条件の約2倍となる。このことから，逆転ベクションにおける刺激呈示面積の効果は，刺激呈示面積の増加にしたがって直線的に強度を増大させるという通常ベクションのそれとは異なるものであることが示された（第2章第1節実験1-1参照）。

　視野中心部に前面刺激が呈示された場合にのみ逆転ベクションが誘導されるという本実験の結果は，視野中心部に呈示された運動パターンによって反射的眼球運動がより効率的に誘発されるという事実（e. g., Barnes & Hill, 1984）と対応し，逆転ベクション知覚に眼球運動情報の誤登録が関与しているとする仮説を支持するものである。

1-2　実験4-1b

1-2-1　目的

　本実験では，中心刺激の刺激呈示部分の半径を複数設定し，実験4-1aで検討した刺激呈示面積の効果をより詳細に検討する。

1-2-2 方法

下に述べる刺激条件設定を除き,実験4-1aと同じ方法を用いた。

[刺激条件]

前面刺激は視野中心部の円形領域のみに呈示された。実験条件として前面刺激呈示領域半径を操作し,10, 15, 20, 25, 30 degの5条件を設定した。呈示面積は,それぞれ316, 707, 1264, 1963, 2826 deg^{2}であった。スクリーン全面に前面刺激を呈示する統制条件も設定した(呈示面積5400 deg^2)。

[実験参加者]

これまでの実験に参加した2名の実験参加者と,これまでの実験に参加していない2名の実験参加者の計4名が本実験に参加した(男性3名,女性1名;年齢27歳～33歳)。

1-2-3 結果と考察

Fig. 5-3に,逆転ベクションの持続時間と強度評定値を,前面刺激呈示面積の関数として示す。前面刺激呈示面積が比較的小さい場合には,刺激呈示面積の増加にともなって逆転ベクション強度が増大したが,その効果は中心半径20 deg条件(呈示面積1264 deg^2)付近で飽和し,それ以降刺激呈示面積の増加が逆転ベクション強度に影響を及ぼすことはなかった。1要因分散分析の結果,

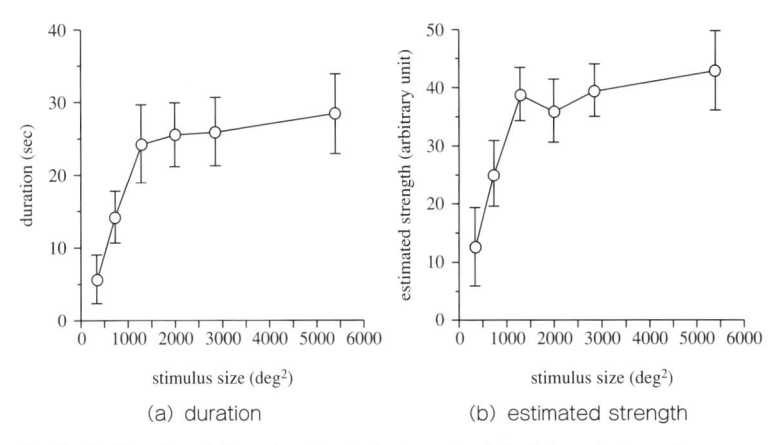

Fig. 5-3 Duration (a) and estimated strength (b) of inverted vection as a function of size of the foreground stimulus (Exp. 4-1b)

前面刺激呈示面積条件の有意な主効果が認められた（持続時間：$F(5,15)=3.65$, $p<.05$, 強度評定値：$F(5,15)=5.26$, $p<.01$）。Tukey法による多重比較の結果，中心刺激半径10 degおよび15 deg条件と，半径20 deg以上の条件および統制条件との間に有意な差が認められたが，その他の条件間には有意な差異が認められなかった（持続時間：$MSe=37.77$, 強度評定値：$MSe=31.73$, $\alpha=.05$）。

　本実験によって，少なくとも前面刺激呈示半径が20 deg以上であるならば，前面刺激を全スクリーンに呈示した統制条件と同等の強さの逆転ベクションが生起することが明らかにされた。本実験の結果は，観察者の視野の中心部の限定された領域のみが逆転ベクションに関与しており，視野周辺部に呈示された視覚刺激は逆転ベクションに影響を及ぼし得ないことを示唆している。実験4－1aと同様，本実験の結果は，反射的眼球運動がより効率的に誘発される視野中心部が逆転ベクション生起に大きな影響を及ぼしていることを示しており，逆転ベクション知覚の生起に前面刺激運動による反射的眼球運動の誘発が関与しているとする仮説を支持するものである。

●第2節　実験4－2

2-1　目的

　本実験では，前面刺激の呈示奥行き位置を固定して，注視点の奥行き位置を複数条件設定することによって，観察者の輻輳平面と前面刺激との間の奥行き的近接度を操作し，その逆転ベクションに及ぼす影響を検討する。

2-2　方法

2-2-1　刺激

　実験4－1で用いた刺激と同じであった。ただし，前面刺激は常にスクリーン全面に呈示された。また，注視点を呈示する奥行き位置を後述する刺激条件にしたがい設定した。

2-2-2 刺激条件

注視点呈示の奥行き位置を，−30，−15，0，+15，+30 cm の5種類設定した（数値はスクリーン平面から注視点呈示位置までの奥行き距離；+はスクリーンより手前，−はスクリーンより奥に注視点が呈示されることを示す）。上記の各注視点奥行き位置条件を設定するために，注視点にそれぞれ−48，−27，0，+36，+88 min の両眼視差（+は交差視差，−は非交差視差を示す）を与えた。注視点は，その奥行き位置にかかわらず，常にスクリーン中央に呈示された。これまでの実験と同様，前面刺激は+15 cm，背景刺激は−15 cm に呈示された（両眼視差はそれぞれ，+36 min，−27 min）。Fig. 5-4 に，各刺激条件で設定された注視点呈示の奥行き位置と，前面刺激および背景刺激の呈示位置との関係を模式的に示す。−15 cm 条件では注視点と背景刺激とが，+15 cm 条件では注視点と前面刺激とが同一奥行き平面上に呈示されることとなる。統制条件として，注視点を呈示しない条件も設定した。統制条件においては，観察者はパターン内の特定のドットを追視することなく，視線を概略スクリーン中心部に向け，それをできるかぎり維持することが求められた。

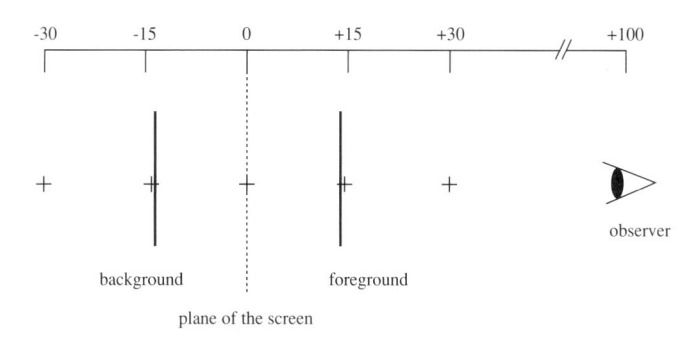

Fig. 5-4 Illustration of the fixation-depth conditions (Exp. 4-2)
Note) Fixation cross was presented at one of five possible locations. Values in the figure indicate depth distance from the plane of the screen. (Positive Values indicate that fixation cross is presented in front of, and negative values indicate that it is located behind of the screen)

2-3 結果と考察

Fig. 5-5 に，逆転ベクションの強度指標（持続時間および強度評定値）を，

第5章 逆転ベクションに影響を及ぼす視覚刺激要因の効果

スクリーン平面を基準とした注視点の呈示奥行き距離の関数として示す。逆転ベクション強度が，注視点の奥行き位置の関数として体系的に変化することが示されている。1要因分散分析の結果，注視点呈示位置の有意な主効果が認められた（持続時間：$F(5,15)=9.69$, $p<.01$；強度評価値：$F(5,15)=15.17$, $p<.01$）。また，Fig.5-5の横軸下段に，注視点呈示位置と前面刺激呈示位置との間の奥行き距離を付記した。注視点が前面刺激と同一の奥行き位置に呈示された場合（+15 cm条件）に最も強い逆転ベクションが生起し，その間の距離が増大するにしたがって強度が減少している。したがって，逆転ベクションの強度は，注視点，すなわち観察者の輻輳平面と，前面刺激との間の奥行き距離の影響を受け，その奥行き間隔が近接している場合に強い逆転ベクションが生起すると結論することができる。この結果は，反射的眼球運動がより効率的に誘発される輻輳平面上に運動刺激を呈示した刺激状況において，逆転ベクションがより強く生起することを示しており，眼球運動情報の誤登録に基づく逆転ベクション生起の仮説の妥当性を支持するものである。

しかしながら本実験では，注視点が呈示されない統制条件においても，弱い

(a) duration

(b) estimated strength

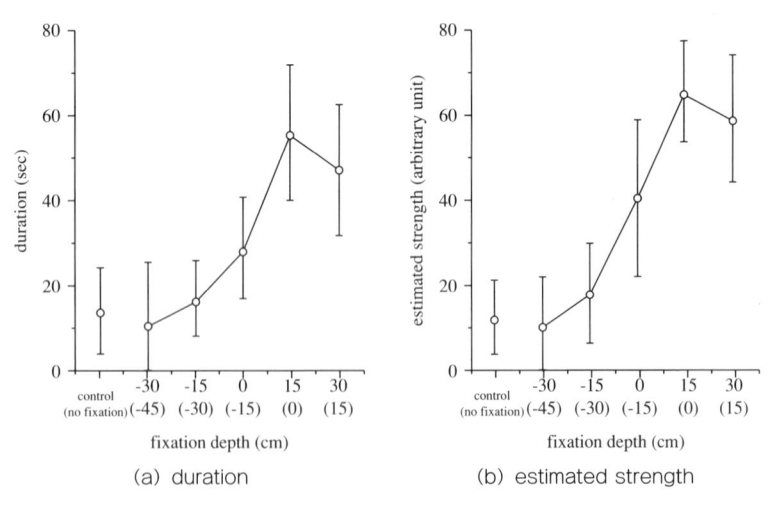

Fig.5-5 Duration (a) and estimated strength (b) of inverted vection as a function of fixation depth from the plane of the screen (Exp. 4-2)
Note) Values inside brackets on abscissa indicate depth distance between the foreground stimulus and the fixation.

ながら逆転ベクションが生起することが示されている。この結果は，反射的眼球運動抑制に基づく逆転ベクションの説明と一見矛盾するかの様に思われる。すなわち，注視点が呈示されなかった統制条件においては観察者の眼球運動が抑制されることはなく，眼球運動情報の誤登録も生じない。したがって，そのような状況においては逆転ベクションが生起しないことが予想された。ただし本実験においては視覚刺激は縦60度，横90度の領域に呈示されており，実験参加者の視野周辺部には，実験参加者の装着するゴーグルのエッジ等，静止刺激と見なせる視覚対象が存在した。この静止対象によって実験参加者の反射的眼球運動の弱い抑制が生起し，それに基づき眼球運動情報の誤登録が生じることによって，弱い逆転ベクションが生起したのであろう。

　実験4-1および実験4-2によって，前面刺激が注視点と空間的に近接して呈示された場合に，より強い逆転ベクションが知覚されることが示された。このことは，Gogelらが提起した視覚対象の誘導運動知覚における近接原理（adjacency principle）との類似性を想起させる（Gogel & Koslow, 1972; Gogel & Tietz, 1976; Gogel & MacCracken, 1979）。Gogelらは，誘導刺激（運動パターン）が注視対象である静止刺激と3次元空間的に近接して呈示された場合に，静止刺激の誘導運動が最も強く知覚され，両者の間の距離が増加するにしたがってその効果が減少することを示した。この誘導運動知覚における運動パターンと静止対象の間の空間的近接度の効果は，上述した逆転ベクションにおける前面刺激と観察者の注視位置との間の空間的近接度の効果と同一のものであり，両知覚現象間に共通の知覚情報処理プロセス，すなわち反射的眼球運動の抑制にともなう眼球運動情報の誤登録が関与していることを示唆する。

　ここまで論じてきた様に，逆転ベクションの生起には知覚情報処理過程における眼球運動情報の誤登録が深く関与していると考えられる。この眼球運動情報の関与をさらに検討するために，実験4-3では，運動刺激観察中の実験参加者の注視方向を操作することによって知覚情報処理過程に登録される眼球運動情報を変化させることを試み，それが逆転ベクションに及ぼす影響を検討する。また実験4-4では，前面刺激運動の種類を実験条件とすることによって反射的眼球運動生起のゲインが異なる刺激状況を設定し，その効果を検討する。

第5章　逆転ベクションに影響を及ぼす視覚刺激要因の効果

●第3節　実験4-3

3-1　目的

　本実験では，持続的な注視方向の変位が逆転ベクションに及ぼす影響を検討する。観察者が注視方向を中立位置（正中方向）から持続的に変位させると，動眼筋のばね的性質によって眼球は中立位置に戻ろうとし，変位とは反対方向のトルクが発生する。したがって，観察者が変位した注視を維持するためには，そのトルクを打ち消すために注視変位方向への動眼筋収縮を持続する必要がある。この注視変位方向への持続的な動眼筋収縮は，その方向への意図的な追跡眼球運動と等価であり，その運動指令情報が比較相殺過程に眼球運動情報として登録されると考えられる（Leibowitz, Shupert, Post & Dichgans, 1983）。Heckman, Post & Deering（1991）は，この持続的な注視方向の変位が，前述のニスタグマス抑制による誘導運動知覚の生起に影響を及ぼすことを示した。すなわち，誘導刺激の運動方向に注視方向を変位させた場合には，反射的眼球運動の抑制によって誤登録される眼球運動情報（誘導刺激運動とは反対方向）と，注視方向の自発的変位が引き起こす誤登録（誘導刺激運動と同方向）とが相殺されるため，眼球運動情報の誤登録，およびその結果生じる静止対象の誘導運動知覚がより弱いものとなる。一方，誘導刺激運動とは反対方向へ注視を変位させた場合には，誘導刺激運動に起因する眼球運動情報の誤登録と，注視変位によるそれとが同方向に生じ，知覚情報処理過程においてそれらが加算される結果，観察者の眼球が中立位置にある場合よりも強い誘導運動知覚が生起する。

　ここで，逆転ベクションの生起が前面刺激運動による眼球運動情報の誤登録によるものであるならば，上記の視覚対象の誘導運動知覚と同様に，逆転ベクション知覚においても観察者の持続的な注視方向の変位の効果が認められるであろう。すなわち，前面刺激運動方向への注視の変位によって逆転ベクションが弱まり（逆転ベクションの抑制），反対方向への注視変位によってより強い

逆転ベクションが生起すること（逆転ベクションの促進）が予想される（Fig. 5-6）。

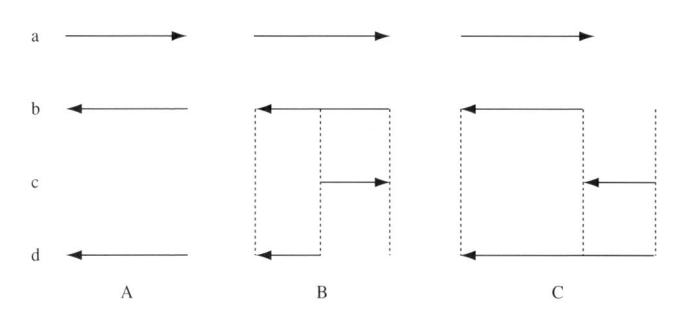

Fig. 5-6 Schematical illustration of hypothesis in experiment 4-3
a : motion direction of the foreground stimulus
b : mis-registered eye-movement information caused by the foreground motion via nystagmus supression
c : mis-registered eye-movement information caused by sustational gaze-shift against viscoelastic force of eye-movement muscle.
d : eye-movement information consisted of a combination of b and c
A : Central fixation; Mis-registered is evoked only by the foreground motion.
B : Same-directional fixation (gaze-shift toward the foreground motion) Mis-registrations evoked by two factors (b and c) occur in opposite direction to each other, and as a consequence of an algebraical combination, magnitude of mis-registration is decreased as compared with the case of the central fixation. (strength of inverted vection is reduced)
C : Opposite-directional fixation (gaze-shift opposite to the foreground motion) Mis-registrations occur in the same direction, and magnitude of mis-registration is increased as compared with the central fixation. (inverted vection is facilitated)

3-2　方法

3-2-1　刺激および手続き

実験4-2と同様の刺激を用いた。ただし注視点は常にスクリーン平面上に呈示され，その水平位置は後述する刺激条件にしたがって設定された。また観察者の注視変位を正確に操作するために，顔面固定器による実験参加者の頭部固定を導入した。実験参加者は，顔面固定器によって頭部を固定した状態で，

注視点を注視しながら刺激運動を観察し，その際に生起する自己運動知覚を報告した。その他の手続きはこれまでの実験と同様であった。

3-2-2 刺激条件

注視点呈示位置条件として，スクリーン中央，スクリーン中央から左20 deg，右20 degの3条件を設定した。また，左方向と右方向の2種類の前面刺激運動方向条件を設定した。この前面刺激運動方向条件によって，観察者の注視位置条件は，（前面刺激運動方向に対し）同方向注視，逆方向注視，中心注視（スクリーン中央への注視）の3条件が設定されることとなる。前面刺激運動速度は運動方向にかかわらず5 deg/secとし，上方向に運動する背景刺激は常に25 deg/secの速度で運動した。

3-3 結果と考察

Fig. 5-7に，逆転ベクションの持続時間と強度評定値とを，各前面運動方向および注視変位条件ごとに示す。逆方向注視条件では，中心注視条件よりも強い逆転ベクションが得られた。一方，同方向注視条件では，中心注視条件と比して弱い逆転ベクションしか生起しなかった。2要因分散分析の結果，有意な注視方向条件の主効果（持続時間：$F(2,6)=31.91$, $p<.01$；強度評定値：$F(2,6)=24.04$, $p<.01$）が認められたが，前面刺激運動方向の主効果（持続時間：$F<1$；強度評定値：$F(1,3)=1.08$, $n.s.$），および交互作用（持続時間：$F<1$；強度評定値：$F(2,6)=1.96$, $n.s.$）は有意とはならなかった。また，Tukey法による多重比較の結果，中心注視条件と同方向注視条件との間には有意差が認められたが，中心注視条件と逆方向注視条件との間の差異は有意水準に達しなかった（持続時間：$MSe=57.95$；強度評定値：$MSe=38.81$；$\alpha=0.05$）。

本実験により，観察者の自発的な注視方向の変位が逆転ベクションに影響を及ぼし，前面刺激運動方向への注視によって逆転ベクションの抑制が，反対方向への注視変位によってその促進が生じるという結果が示された。これは，逆転ベクションの生起に眼球運動情報の誤登録が関与しており，さらにその眼球運動情報の誤登録に注視方向の持続的変位が影響を及ぼすとした，前述の仮説

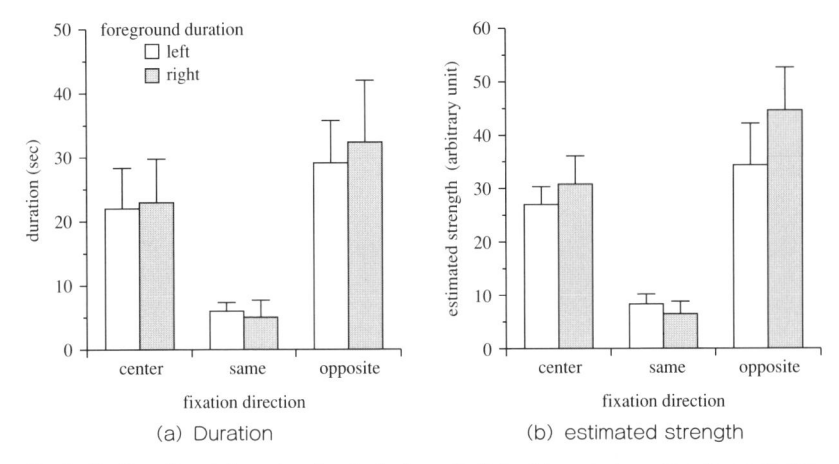

Fig. 5-7 Duration (a) and estimated strength (b) of inverted vection in each motion direction and fixation position condition (Exp. 4-3)

を支持するものである。

　しかしながら，中心注視条件における逆転ベクション強度を基準として考えた場合，逆方向注視による逆転ベクションの促進は，同方向注視によるその抑制とを比較して弱いものであった。本実験において設定した左右両方向への注視位置変位量は等しく，眼球運動情報の誤登録に及ぼす影響も等しかったと考えることができる。したがって，もし本節において仮定した様に，注視方向の変位にともなう眼球運動情報の誤登録が前面刺激運動によるそれとは独立に生じるならば，逆方向注視と同方向注視とが眼球運動情報に及ぼす影響の強度は同一であり，両方向への注視位置操作は逆転ベクションに同程度の量的影響を及ぼすはずである。では，なぜ，注視方向による効果の量的な差異が生じたのであろうか。

　本実験では，眼球の中立位置（頭部の正中方向）から，左右それぞれ20 deg離れた箇所に設定された注視点を2分間持続的に注視するという課題を実験参加者に課した。内省報告にも示されているが，この様に観察者が注視位置を長時間極端な位置に保持しなければならない観察条件では，自己運動知覚の安定した評価が困難となった可能性がある。このアーチファクトにより，左右方向への注視の変位を行なった試行では知覚される自己運動が過小評価され，眼球が中立位置にある中心注視条件と比べて，全体的に逆転ベクションの強度が弱

いものとなったと考えることができる。上記の議論が正しければ，見かけ上，逆方向注視による逆転ベクションの促進が弱まり，反対に同方向注視による逆転ベクションの抑制が強まることとなる。今後の検討においては，観察者の注視変位量をより詳細に操作し，自己運動評価が注視変位操作による抑制バイアスを受けない様な観察場面においてその効果を検討することにより，上記アーチファクトの関与を取り除き，観察者の自発的な注視方向の変位が逆転ベクションに及ぼす影響を分析することが必要となる。

●第4節　実験4-4

4-1　目的

本実験では，前面刺激の運動の種類が逆転ベクションに及ぼす影響を検討する。これまで検討してきた様に，逆転ベクションの生起には前面刺激によって潜在的に引き起こされる反射的眼球運動が関与していると考えられる。ここで，視覚パターンの平行運動は観察者の反射的な視覚運動性ニスタグマスを引き起こし，その回転運動は視線方向を回転軸とする眼球の回旋運動（ocular torsion）を誘導する（Howard & Templeton, 1964）。しかしながら，視覚パターンの回転による反射的な眼球回旋は，平行運動によるニスタグマスと比較すると，そのゲインが極端に低いものとなる（約0.1程度；Cheung & Howard, 1991; Wade, Swanston, Howard, Ono & Shen, 1991）。したがって，逆転ベクションが前面刺激による反射的眼球運動の潜在的誘発に基づいて生起するならば，前面刺激が回転運動する場合には，逆転ベクションは生起しないか，もしくは前面刺激が平行運動する場合と比較して弱い自己運動しか生起しないであろう。

一方，前額平行面上で回転運動する視覚刺激は，視線方向を回転軸とする刺激回転方向とは反対方向への観察者の自己身体の回転運動知覚を誘導することが知られている（ロールベクション；e.g., Young, Shelhamer & Modestino, 1986; Watt & Landolt, 1990）。もし逆転ベクションとロールベクションとが共通する成立機序を持つならば，運動する背景刺激の手前で前面刺激を低速度回

転させることにより，回転逆転ベクションとでも呼ぶべき前面刺激回転方向への自己身体の回転感覚が生起するであろう。

4-2 方法

4-2-1 刺激条件

前面刺激の運動の種類を実験条件として2種類設定した。回転運動条件では，前面刺激がスクリーン中心を回転中心として時計回りに毎秒0.027回転の速度で回転した。平行運動条件では，前面刺激が右方向へ5 deg/secの速度で運動した。回転運動条件と平行運動条件の間で，前面刺激に含まれる各ドットの平均運動速度が等しくなる様に統制されている。両刺激条件において，背景刺激は25 deg/secの速度で上方向へ運動した（以上を実験条件とする）。

また，視覚パターンの回転運動および平行運動が通常ベクションを誘導する強度を検討するために，上述の前面刺激運動と同一の運動パラメータを持つ視覚パターンを背景刺激として呈示する条件も設定した（統制条件）。その際，運動パターンの速度が比較的低速度であることから，誘導される通常ベクションが弱いものとなってしまうことが予想される。そこで静止パターンを前面刺激として付加することによって，背景刺激運動によって誘導される通常ベクションを強調することとした（静止前面刺激によるベクション促進；第3章第1節実験2-1参照）。

4-2-2 手続き

実験参加者は運動刺激を観察し，回転運動条件においては自己身体の回転運動が，平行運動条件においては水平方向への自己運動が経験された場合に，その運動方向に応じて手元のボタンを押すことによって反応した。刺激観察終了後，自己の回転運動，もしくは水平運動の強度を評定した。このとき，自己回転運動については，単独呈示される速度毎秒0.27回転（50 deg/secの平行運動パターンと同一平均速度）で回転運動する視覚パターンを標準刺激とし，この条件で知覚される自己回転運動感覚を強度評定の基準（100）とした。自己の平行運動感覚の強度評定の基準はこれまでの実験と同じであった。これまでの実験と同様，実験試行に先立ち上記標準刺激を用いた訓練試行を実施すること

によって，各実験参加者は強度評定基準を習得した。

4-3 結果と考察

Fig. 5-8 に，各条件における逆転ベクションまたは通常ベクションの持続時間と強度評定値を示す。図中，刺激運動方向と逆方向への自己運動（通常ベクション）を正の値で，刺激運動方向への自己運動（逆転ベクション）を負の値で示した。統制条件においては，背景刺激の回転運動もしくは平行運動によって，通常ベクションが効果的に誘導されている。すなわち，背景刺激の平行運動によって，その運動とは反対方向への自己身体の平行運動が知覚され，背景刺激の回転運動によって，その回転とは反対方向への自己身体の回転運動が知覚された。後者の結果は，視覚刺激の回転によってそれとは反対方向への自己身体の回転運動，すなわちロールベクションが明瞭に誘導されることを示した先行研究と一致するものである (e.g., Watt & Landolt, 1990)。一方，実験条件においては，平行運動条件では前面刺激運動と同方向への自己運動知覚（逆転ベクション）が生起したが，回転運動条件では自己身体の回転運動の感覚はほとんど生起しなかった。ただし，本実験においては，刺激運動条件間で測定対象となる運動印象や強度評定の基準が異なるため，条件間のベクション強度を量的に比較することには問題があり，統計的な差異の検討は行なわないこととする。

背景刺激として呈示された場合には十分な強さのロールベクションを誘導することの可能な回転運動刺激が，前面刺激として呈示された場合には，回転逆転ベクションを誘導することはなかった。この結果は，逆転ベクションの成立メカニズムがロールベクションのそれとは異なるものであることを示唆する。視覚パターンの回転運動によって誘導される反射的な眼球回旋は，平行運動によって引き起こされる視覚運動性ニスタグマスと比較して非常に弱いものである。したがって，前面刺激の回転運動が回転逆転ベクション知覚を誘導しないという本実験結果は，逆転ベクション知覚の生起に前面刺激運動によって誘発される反射的眼球運動が関与しているとする仮説を補強するものと見なすことができる。しかしながら本実験では，回転運動条件における視覚パターンの回転速度を1種類しか設定しておらず，その刺激条件操作は十分なものとはいい

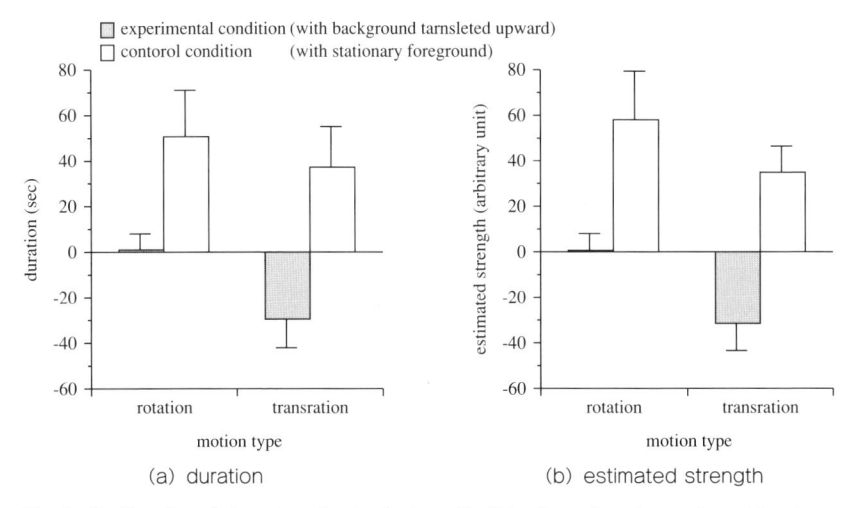

Fig. 5-8 Duration (a) and estimated strength (b) of vection in each motion-type condition (Exp. 4-4)
Note) Positive values in ordinate indicate self-motion opposite to the stimulus motion (standard vection), and negative values indicate self-motion in the same direction as the stimulus motion (inverted vection).

難い。パターン内の各ドットの平均運動速度が同一の平行運動条件では明瞭に逆転ベクションが生起しているが，逆転ベクションの速度依存性が平行運動と回転運動とで異なっており，設定した前面回転運動速度では回転逆転ベクションが誘導されなかった可能性も考えられる。著者を含む3名の観察者によるインフォーマルな観察において，本実験で設定した回転速度以外の前面刺激の回転も，回転逆転ベクションを誘導しないことを確認しているが，今後前面刺激の回転速度を体系的に操作し，その自己回転運動感覚に及ぼす影響をより詳細に検討する必要がある。

　これまでの諸実験によって，逆転ベクション知覚に対する眼球運動情報の関与を示す結果が得られている。そこで次節の2実験では，逆転ベクションを知覚している状況において観察者に眼球運動課題を課すことによって，知覚情報処理過程に誤登録された眼球運動情報を直接検討することを試みる。

第5章　逆転ベクションに影響を及ぼす視覚刺激要因の効果

●第5節　実験4-5a・実験4-5b

5-1　目的

　ここまで議論してきた様に，眼球運動情報の誤登録が逆転ベクション生起の要因となっているならば，逆転ベクション知覚中の実験参加者の眼球運動は何らかの形でその誤登録を反映したものとなるはずである。そこで以下の2つの実験では，知覚情報処理過程に登録される眼球運動情報を，逆転ベクション知覚中の実験参加者に眼球運動課題を行なわせることによって検討することを試みる。

　ここで，通常の眼球運動課題の様に，視覚対象へのサッケードを課題として用いることには問題がある。視覚対象へのサッケードは，観察者の眼球がどの様な状態にあるときでも，知覚情報処理過程に登録された眼球運動情報とは関係なく，視覚対象間の網膜上での位置の差，すなわち網膜座標系における対象の位置情報に基づいて実施することができる。その様な課題では，知覚情報処理過程に登録された眼球運動情報を検討することは不可能である。したがって，その検討のためには，視覚対象以外の位置情報に基づく眼球運動を必要とする課題を設定しなければならない。本研究においては，その試みの一つとして，実験4-5aでは自己の正中方向への眼球運動を，実験4-5bでは不可視の音源への眼球運動を課題とした。

　もし，知覚情報処理過程において眼球運動情報の誤登録が生じているならば，上記の様な非視覚対象への眼球運動を実施する際には，正中方向や音源位置といった非視覚対象への視線方向変位に必要な眼球運動に加え，誤登録された眼球運動情報を相殺するために必要な眼球運動が生起するはずである。したがってその様な状況下では，誤登録された眼球運動情報と反対方向に眼球運動の誤差が生じると考えられる（Fig. 5-9）。

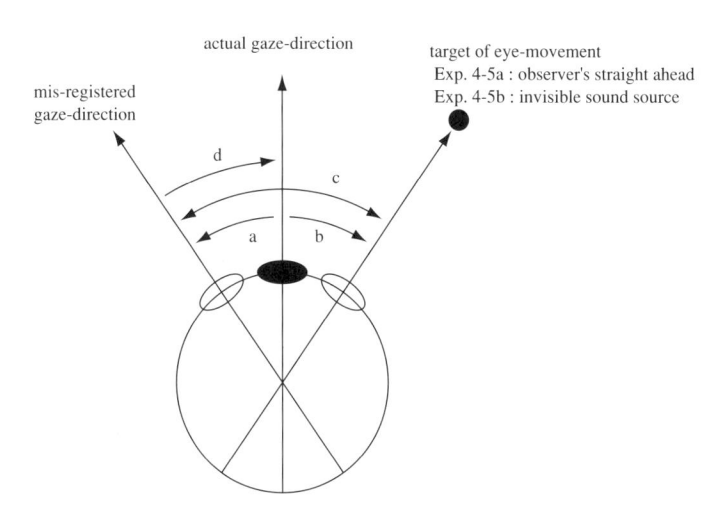

Fig. 5-9 Schematical illustration of hypothesis in experiment 4-5
a: Information about eye-position is mis-registered in a case where observer perceives inverted vection.
b: Correct eye-movement required by the experimental task.
c: Hypothesized observer's eye-movement in the experimental trial.
d: Error of eye-movement occurs in a direction opposite to the mis-registered information of observer's eye-position.

5-2 方法

5-2-1 手続き

実験参加者が実施する眼球運動課題を除き，実験4-5aおよび実験4-5bでは同一の手続きを用いた。実験参加者は，顔面固定器によって頭部を固定した状態で運動刺激を観察し，自己の身体が運動して感じられた場合にボタン押しによって反応した。ボタンが5秒以上連続して押された場合に，警告音を呈示するとともに注視点を消した。実験参加者は警告音の呈示にしたがって，実験毎に設定された眼球運動課題を行なった。60秒を過ぎても5秒以上の連続したボタン押しが生じない場合には，60秒経過後に注視点を消し，眼球運動課題を実施した。注視点消失後，10秒間運動刺激および警告音を呈示し続け，その間実験参加者は眼球運動課題により偏位させた注視を持続した。

注視点は，実験4-5aではスクリーン中央から左右10deg以内のランダムに決定された場所に，実験4-5bではスクリーン中央に呈示された。警告音

を呈示するスピーカは，スクリーンの背後に設置された（スクリーンの中央，左右10 deg，左右20 degの計5台）。実験4-5aでは常に中央のスピーカから警告音が呈示されたが，実験4-5bでは警告音が呈示されるスピーカが試行毎にランダムになる様にプログラムされた。警告音の呈示は，グラフィクスコンピュータによって制御され，その音圧レベルは各実験参加者に容易に音源方向が特定可能な水準に設定された。実験参加者は，注視点が消えると同時に，実験4-5aでは自分の頭部の真正面にあると思われる方向へ，実験4-5bでは警告音を発しているスピーカがその背後にあると思われるスクリーン上の場所へ，眼球運動を実施した。事前の予備実験によって，運動刺激を呈示しない場合には，自己の頭部の正中方向，および上記範囲に設定された不可視の音源への眼球運動は，すべての実験参加者においてほぼ正確に実施可能であることが確認されている。

5-2-2　眼球運動の記録

試行中の実験参加者の水平方向の眼球運動をEOG（Electro-Oculograph）法によって記録した。実験参加者の両外側眼窩に電極糊を満たした脳波用Ag-AgCl電極を装着し，網膜角膜電位差を計測，ポリグラフ（日本光電WEE6114）によって交流増幅（時定数3.3秒）した後，A/D変換ボード（VME Microsystems VMIVME3118）を介してグラフィクスコンピュータにサンプリング周期200 Hzで取り込んだ。各実験セッション開始前，終了後にEOGのキャリブレーションを行なった。

5-2-3　刺激条件

前面刺激と背景刺激の組み合わせにより，以下の3条件を設定した。
1) 前面／背景直交運動条件（M/M条件）：前面刺激は右方向へ，背景刺激は上方向へ運動した。右方向への逆転ベクション（および下方向への通常ベクション）が生起すると予測される。
2) 前面静止／背景運動条件（S/M条件）：前面刺激は静止，背景刺激は右方向へ運動した。左方向への通常ベクションが生起すると考えられる。
3) 前面運動／背景静止条件（M/S条件）：前面刺激は右方向へ運動，背景

刺激は静止していた。静止背景刺激によるベクション抑制のため（第3章実験2-1参照），自己運動知覚は有効には誘導されないと予測される。

また刺激運動速度条件として，5 deg/sec（低速条件）と25 deg/sec（高速条件）の2種類を設定した。ただし，M/M条件の背景刺激運動速度は常に25 deg/secとし，M/M・M/S両条件における前面刺激速度およびS/M条件における背景刺激速度を上記速度条件に基づいて設定した。またボタン押しによる自己運動知覚の報告に際し，M/M条件においては，観察者は前面刺激と平行な水平方向への自己運動にのみ，すなわち逆転ベクション成分にのみ注意し，それとは直交する垂直方向への自己運動（通常ベクション）は無視した。S/M条件およびM/S条件においては，試行中に経験されたどの様な自己運動感覚も報告の対象とした（ただしS/M，M/S両条件において，垂直方向の自己運動が誘導されることはなかった）。実験4-5a，実験4-5bともに各条件20試行の眼球運動課題をランダムな順序で実施した。

5-2-4 実験参加者

これまでの実験に参加していない成人4名（男性3名，女性1名；年令27〜34歳）が参加した。

5-3 結果と考察

ボタン押しによる実験参加者の反応およびその内省報告から，各刺激条件において上述した予測どおりの自己運動知覚が生起していたことが確認された。M/M低速条件およびS/M条件においては，ほぼすべての試行において設定した観察時間（60秒）内に5秒以上の連続した自己運動の生起が報告された。すなわち，M/M低速条件では右方向への逆転ベクションが，S/M条件では左方向への通常ベクションが観察された。これらの条件において自己運動の生起が認められなかった例外的な試行のデータは分析から除外した（全試行の約3%）。またM/M高速条件の大多数の試行（約90%），およびM/S条件の全試行においては，観察時間内に5秒以上の連続したボタン押しがなされることはなかった。

各試行において計測された実験参加者のEOG測定値から，各条件における

第5章 逆転ベクションに影響を及ぼす視覚刺激要因の効果

眼球運動の誤差を算出した（データ処理に際しては，右方向への眼球運動誤差に正の値を与えた）。Fig. 5-10 に実験4-5aにおける，Fig. 5-11 に実験4-5bにおける眼球運動課題の誤差を，刺激運動条件ごとに示す。観察者の正中方向への眼球運動を実施した実験4-5aと，音源位置への眼球運動を実施した実験4-5bとで，M/M低速条件において右方向への眼球運動の誤差が生じるが，それ以外の諸条件においては明瞭な眼球運動誤差が生じないという一貫した結果が得られた。

本実験では，逆転ベクションが生起している状況（M/M低速条件）においてのみ，前面刺激運動方向と同方向（右方向）への眼球運動の誤差が生じることが示された。前述した様に，対象の網膜上での位置情報によらない眼球運動

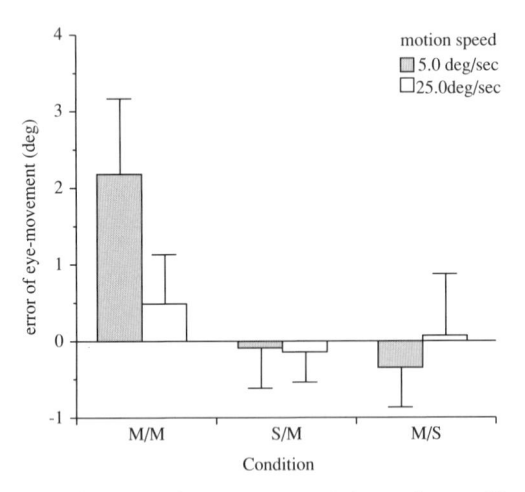

Fig. 5-10 Error of eye-movement in each condition (eye-movement toward perceived straight-ahead; Exp. 4-5a)

Note) Condition - M/M : Foreground and background move orthogonally (inverted vection was induced)
S/M : Background moves behind stationary foreground (standard vection was induced)
M/S : Foreground moves in front of stationary background (no self-motion was perceived)
Error bar indicates 1/2 of SD.

第5節 実験4-5a・実験4-5b

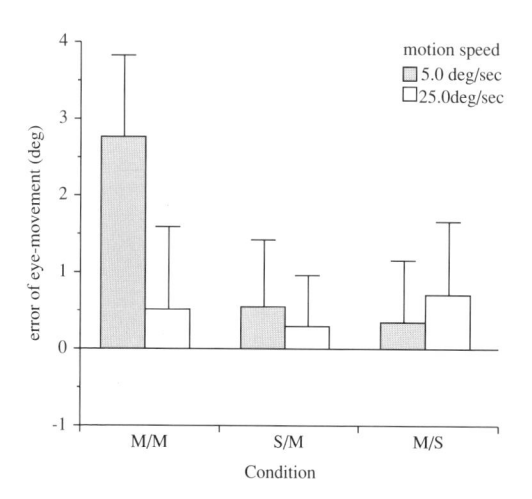

Fig. 5-11 Error of eye-movement in each condition (eye-movement toward invisible sound source; Exp. 4-5b)
Note) Condition - M/M : Foreground and background move orthogonally (inverted vection was induced)
　　　　　　　　S/M : Background moves behind stationary foreground (standard vection was induced)
　　　　　　　　M/S : Foreground moves in front of stationary background (no self-motion was perceived)
Error bar indicates 1/2 of SD.

課題の誤差は，誤差が生じた方向と反対方向（ここでは左方向）への眼球運動情報の誤登録が生じていたことの根拠となり得る。したがってこの結果は，逆転ベクションが生起する刺激条件においては，前面運動方向とは反対方向への眼球運動情報の誤登録が生じていたことを示しており，前面刺激運動による眼球運動情報の誤登録が逆転ベクションの成立要因であるとするこれまでの議論を直接的に裏付けるものとなる。

　一方，通常ベクションが生起する条件（S/M条件）では，自己運動が生じない条件（M/S条件）と同様，眼球運動の誤差は生じておらず，これらの条件における刺激観察時には眼球運動情報の誤登録は生じていなかったと考えることができる。したがって，逆転ベクションとは異なり，通常ベクションの生起に

第5章　逆転ベクションに影響を及ぼす視覚刺激要因の効果

は眼球運動情報の変化は随伴しないと結論することができる。藤田・星（1998）は，通常ベクションを知覚している際の観察者の視覚対象へのサッケードを分析し，通常ベクション生起方向へのサッケードはアンダーシュートしやすく（眼球運動が目標対象の手前で停留してしまう），反対方向へのサッケードはオーバーシュートしやすい（眼球運動が目標対象を行き過ぎてしまう）という結果を導いている。通常ベクション知覚は眼球運動課題に影響を及ぼさないとする本実験の結果と藤田らの結果との差異は，観察者のサッケードが非視覚対象へのものか（本実験），視覚対象へのものか（藤田ら）の差異によるものであろう。

●第6節　まとめ

　本章の諸実験では，逆転ベクション生起に影響を及ぼす視覚刺激要因の分析を行い，以下の事実を明らかにした。
1）低速運動する前面刺激が観察者の注視位置に空間的に近接して呈示された場合に，強い逆転ベクションが生起する（実験4-1，実験4-2）。
2）注視方向の持続的な変位が逆転ベクションに影響を及ぼし，前面刺激運動方向への注視変位が逆転ベクションを抑制し，反対方向への変位が逆転ベクション知覚を促進する（実験4-3）。
3）前面刺激の回転運動は逆転ベクションを誘導しない（実験4-4）。これらの結果は，ニスタグマス抑制による眼球運動情報の誤登録が，逆転ベクションの生起に深く関連しているとする仮説を支持するものである。

　さらに実験4-5においては，逆転ベクション知覚中には，前面刺激運動と同方向への眼球運動の誤差が生じることから，逆転ベクションが知覚される状況においては，前面刺激運動とは逆方向への眼球運動情報の誤登録が生じていることを確認した。通常ベクションが生起する刺激条件においては，自己運動知覚が生起しない条件と同様，眼球運動に誤差が生じないことから，眼球運動情報の関与という側面において，逆転ベクションと通常ベクションの成立機序が異なるものであることが示された。

第6章 総合討論

　本研究では，視覚刺激運動による自己身体誘導運動知覚（ベクション）に及ぼす視覚刺激の呈示領域，すなわち視覚刺激の2次元的配置の効果と，その3次元的配置の効果を中心に検討し，従来から検討されてきた視覚刺激運動と反対方向に生起する自己運動知覚（通常ベクション）に加え，視覚刺激の運動と同方向への自己運動知覚（逆転ベクション）が存在すること等を明らかにした。種々の視覚刺激要因がこの2種の自己運動知覚現象に及ぼす影響が大きく異なることから，これらはそれぞれ異なる成立機序を持つと考えられる。本章では，これまでの実験結果をまとめるとともに，両自己運動知覚の成立機序，およびその生理学的背景に関する議論を行なう。さらに，これらの議論に基づき，自己運動知覚に関する情報処理プロセスを，視覚対象の運動知覚との関連において記述可能なモデルの構築を行なう。

●第1節　通常ベクション

　視覚刺激の運動方向と反対方向へ自己の身体が運動して知覚される通常ベクションは，視野内で観察者から最も遠くに呈示される視覚対象である背景刺激の運動によって誘導され（第3章），運動パターンの呈示面積の増加に比例してその強度を増大させる（第2章）。これらの結果は，これまでのベクション研究の結果と一致するものである。しかしながら，従来主張されてきたベクション知覚の周辺刺激優位性は認められず，ベクション知覚を誘導する効果は刺

第6章　総合討論

激呈示領域にかかわらず一定であることが示されている（第2章）。

　序論において述べた様に，通常ベクションを誘導する視覚刺激運動は，実際の自己運動にともなう外界の静止対象の網膜像運動と一致する。このことから，通常ベクションの成立機序として，視覚運動情報から外界における静止対象の網膜像運動を推定し，それに基づき自己運動知覚を決定するという，日常場面における自己運動認識と同等のプロセスを想定することができる。

　この問題と関連して，Wong & Frost（1978）が示したベクション知覚場面における自己運動と視覚刺激運動との知覚速度の共変現象を考察する。Wongらは，回転ドラム内で視覚パターンの運動を観察している実験参加者に，視覚刺激によって誘導された自己運動の速度の評定と，視覚刺激自体の運動速度の評定を求め，その両者を視覚刺激の運動開始からの時間経過の関数として表現した（Fig. 6-1）。その結果，序論において述べた様に，ベクションの速度評定は時間経過にともなって徐々に増加し，一定の時間経過の後飽和した（約30秒）。一方，視覚刺激の運動速度評定は時間経過にともなって減少し，同様に一定時間経過後ほぼ一定となった。この両者の速度評定値の和は，視覚刺激運動の時間経過を通じてほぼ一定であり，視覚刺激の物理的な運動速度とほぼ等しくなる。

　このことは，Rock, Auster, Shiffman & Wheeler（1980）が視覚対象の誘導運動知覚の成立機序として提唱した分配仮説（apportionment hypothesis）との類似を想起させる。分配仮説によると，視覚対象の誘導運動知覚は以下の様に説明される。視野内で静止している視覚対象（被誘導対象）とそれを取り囲む運動対象（誘導刺激）の，空間内におけるそれぞれの絶対的な運動（もしくは観察者に対する subject-relative な運動）の情報は，その正確な判断のためには観察者の身体運動や眼球運動に関する情報が必要であり，その意味において曖昧さを含む。そのため絶対運動は視覚対象の運動知覚に関する情報処理に用いられることはなく，対象間の相対的な運動情報（object-relative な情報）のみが運動知覚に利用される。したがって，運動知覚の情報処理過程において被誘導対象と誘導刺激の知覚運動を決定するためには，対象間の相対運動をそれぞれの対象の運動に分割・分配する必要がある。その結果，誘導刺激の物理的運動が被誘導対象の見えの運動にも分配され，実際には静止している被誘導対象の

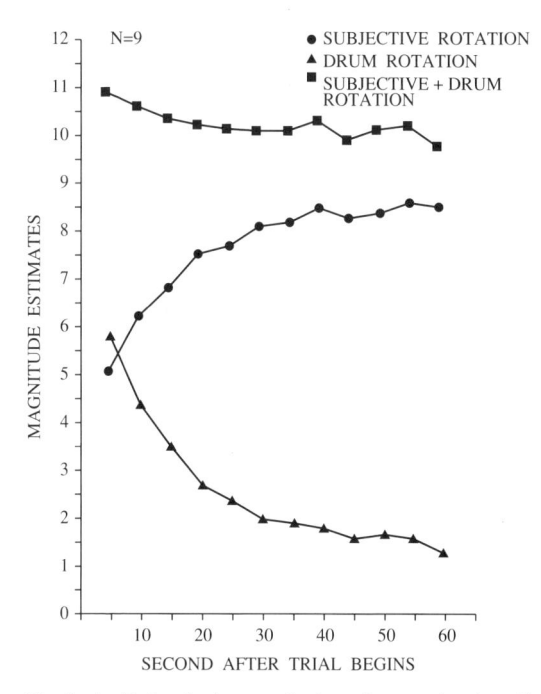

Fig. 6-1 Estimated magnitude of perceived self and drum speeds as a function of time after trial begins (Wong & Frost, 1978)

運動が知覚される。また，誘導刺激の運動は，被誘導対象に相対運動が分配された分，実際の運動より遅く知覚される。ここで，被誘導対象の知覚速度と誘導刺激の知覚速度との和は，実際の相対運動速度，すなわち誘導刺激の物理的運動速度に等しくなる。

　ベクション知覚においても同様の解釈が成立する。観察者の定常的な自己運動の唯一の情報源である視覚運動情報は，観察者および視覚対象の空間内での絶対的な運動情報は保持しておらず，その間の相対的な運動に関する情報のみを有している。したがって，視覚対象および自己の運動を認識するためには，視覚運動情報すなわち網膜像運動情報が与えられた際に，その運動情報を，外界における視覚対象の実際の運動による成分と，観察者の自己運動による見かけ上の成分とに分離し，それぞれの知覚運動に分配しなくてはならない。一定速度で運動する視覚刺激が呈示された場合に，自己運動の知覚速度と視覚刺激

の知覚速度との和が常に一定になるとする上述の Wong & Frost (1978) の結果は，この自己運動と視覚運動への相対運動情報の分配の過程を反映しているものと考えることができる。

　この視覚運動情報の自己運動と対象運動への分配はどの様に実現されているのであろうか。上述した通り，視覚情報には自己身体および視覚対象の絶対的な運動に関する情報は含まれていない。したがって，視覚情報のみに基づいて正しく運動情報を分配し，実際の自己運動や対象運動に正しく対応した知覚を得ることは不可能である。自己運動に関与する他の感覚情報（平衡感覚，体性感覚）を用いて，網膜像運動が視覚対象の実際の運動の結果によるものなのか，自己運動の結果による見かけ上のものなのかの判別を行なうことも可能ではあるが，それらの情報は自己の定常的な等速度運動を検出することはできず，その様な状況においては視覚情報のみに依存せざるを得ない。

　網膜像として入力される視覚情報に曖昧性があり，それのみに基づいて外界の状況の正しい認識を行なうことのできない場面は他にも知られている。例えば，凸図形に上から光を照射した場合と，凹図形に下から光を照射した場合とでは，対象からの反射光のエネルギー分布およびその網膜への投射は全く同一になる。この様な状況においては，網膜像情報のみに基づいて外界の対象の凹凸に関し一意に解を得ることは不可能である。知覚情報処理過程においては，この一意に解が決定できないという不良設定問題を解決するために，何らかの形で付加的な情報を用いることによって妥当な解を得ていると考えられる。例えば上記の例では，通常の視覚環境下においては照明光は上から照射される。したがって，この「照明光が上から照射されている」という知識を制約条件として用いることによって，その対象が凸図形であるという解を一意に得ることができる。

　この様に，知覚情報処理過程においては，外界に関する知識を利用して，自然環境において最も高い確率で生起する事象が解となる様に制約条件が選択されていると考えられている (Poggio, Torre & Koch, 1985)。この考え方をベクション知覚の場面に適用する。上述した様に網膜上での視覚運動情報は，外界での視覚対象の運動と観察者自身の運動の双方の情報を含んでおり，それ自体で両者を分離することは不可能である。そこで，外界に関する知識を制約条件

として用いることによって，視覚運動情報からの自己運動成分の抽出を可能とする。自然な観察状況に関する知識に基づいて，外界において静止している可能性が最も高い対象を特定し，それを制約条件として利用することが可能であるならば，その対象の網膜上での運動はすべて自己運動の結果であるので，それに基づいて観察者の運動を算出することが可能となる。

ここまでの議論によって，外界に関する知識を用いて外界で静止している視覚対象を特定することにより，その対象の網膜上での運動を自己運動に帰属することができれば，自己運動の認識が可能となることを示した。この議論に基づくと，知覚情報処理過程において，外界で静止していると判断された視覚対象がベクション知覚を規定することとなる。したがって，ベクション生起に影響を及ぼす視覚刺激要因は，刺激パターンが外界において静止していると判断される程度に影響を与えており，外界において静止していると判断されやすい特性をもつ視覚刺激がより強いベクションを誘導すると考えることができる。ここで，より遠くに存在するより大きな視覚対象が，外界で観察者と独立に運動することは稀であり，その様な視覚対象の網膜像運動が，対象自体の実際の運動ではなく，観察者の自己運動の結果生じたものであると考えることは生態学的に妥当性が高い。これまでの検討によって示されてきた，通常ベクション知覚に及ぼす視覚刺激の3次元空間内での配置の効果は，上述の考察と整合している。すなわち，強い通常ベクションを誘導するより遠くに呈示されたより大きな呈示面積を持つ視覚刺激は，知覚情報処理過程において外界で静止していると判断されやすい視覚刺激属性を持つものであると考えられる。

これまでの伝統的なベクション研究においては，視野周辺部に呈示された運動刺激の方が，中心部に呈示された運動刺激よりも，ベクション知覚に及ぼす影響が強いと考えられてきた。しかしながら，本研究ではベクション知覚の周辺刺激優位性を否定し，呈示面積が同等ならば運動刺激呈示領域が通常ベクションの誘導強度に影響を及ぼさないことを示す結果を得ている。この結果を上記の理論的枠組みを用いて解釈すると，視野のどの様な部位に投影された視覚対象も，知覚情報処理過程において外界で静止していると判断される程度は等しいものであることが示唆される。日常的な視覚環境においては，視野内の各領域に運動対象が存在する確率は均一に分布していると仮定でき，視野中心部

第6章　総合討論

と周辺部とで，そこに呈示される視覚対象が外界で静止していると判断される確率に差異がないとする上記の考察は妥当なものであると考えられる。これまでのベクション研究において周辺優位性が支持されてきた原因としては，周辺刺激の方が中心刺激に比して呈示面積が大きく設定されやすく，刺激呈示領域の効果と刺激呈示面積の効果とが混同されていた可能性を考えることができる（Post, 1988）。

また北崎・佐藤（1999）は，外界において静止していると判断されるべき対象は，図―地体制化（figure-ground organization）における地の性質を持つものであると主張している。地は対象物である図を認識する際の背景であり，その様な領域が外部環境内で運動することはない。したがって，地領域は外界においては静止していると判断して，それを自己運動知覚の基準として利用することは妥当である。北崎らは，この問題に関し，相反する方向へ運動する2種の視覚刺激を同時に呈示した場合には，選択的に注意を向けない（無視する）視覚刺激の運動によってベクションが生起することを報告し，その様な状況においては注意を向けた刺激パターンが図として，無視したパターンが地として認識されている可能性を指摘している。

●第2節　逆転ベクション

2-1　眼球運動情報が自己運動知覚に及ぼす影響

本研究では，運動する背景刺激の手前にそれとは直交方向へ低速度で運動する前面刺激を呈示した場合に，前面刺激の運動方向と同方向への自己運動知覚が誘導されることを明らかにした（第4章）。この結果は，これまで自己運動知覚には無関係であると考えられてきた前面刺激が，自己運動知覚に対し特異的な影響を及ぼすことを示すものである。著者はこれを逆転ベクションと呼んだ。逆転ベクションの生起には，眼球運動に関する情報が関与していることが種々の刺激条件の分析結果から確認されている（第5章）。本研究では，前面刺激運動，およびそれにともなうニスタグマス抑制によって，前面刺激運動と

は反対方向への眼球運動情報の誤登録が生じ，それに基づいて自己運動に関する情報処理がなされた結果，誤登録された眼球運動とは反対方向，すなわち前面刺激運動と同方向への自己運動知覚が誘導されると考えた。

第4章の討論では，逆転ベクションの成立機序について考察する際に，先行研究の知見に基づき，眼球運動情報が自己運動の知覚方向を反対方向に偏向させる効果を持つことを示唆した。本項では，誤登録された眼球運動情報が自己運動知覚を偏向させるプロセスについて再検討を行なう。

通常ベクションに及ぼす刺激奥行き構造の効果が端的に示す様に，視野内のより遠くに位置する対象が環境内で運動することは稀であり，その様な背景刺激の網膜像運動は，観察者の眼球運動や頭部・身体運動にともなう空間内での視線方向の変化を反映すると考えられる。逆転ベクションを誘導する視覚刺激においては，前面刺激と背景刺激が直交方向へ運動しており，背景刺激は前面刺激運動と平行な運動成分を持たない。例えば前面刺激が水平方向に運動し，背景刺激が垂直方向に運動する場合には，背景刺激は水平方向の運動成分を持たない。この様な背景刺激の網膜像運動は，観察者の視線方向が空間内で水平方向には変化しないことを示す。一方，水平運動する前面刺激は，ニスタグマス抑制によって，その運動とは反対方向（水平方向）の眼球運動情報を伝達する。このニスタグマス抑制によって得られる眼球運動情報は，眼窩内でどの様に眼球運動を行なうのかに関する動眼指令情報に基づくものであるので，観察者の眼球が外部空間に対してどちらの方向を向いているかを示すものではなく，眼球が眼窩内でどの様に運動しているのかを示すものである。ここで，水平方向への眼球運動のみに問題を限定する。眼球が眼窩内で前面刺激運動と反対方向に運動し，かつ視線方向が外部環境内で（水平方向には）変化しないという2つの条件を満たすのは，空間内の静止対象を注視したまま頭部を回転させた場合の様に，観察者の頭部が前面刺激運動と同方向に運動し，眼球が眼窩内で頭部運動とは反対方向に回転する場合のみである。この議論に基づき，前面刺激の運動が，それと同方向への観察者の頭部運動の情報を伝達することが説明可能となる。

Fig. 6-2に，上述した眼球運動情報の誤登録に基づく前面刺激運動方向への頭部運動情報の伝達プロセスを図示する。上記実験状況においては，頭部の体

第6章 総合討論

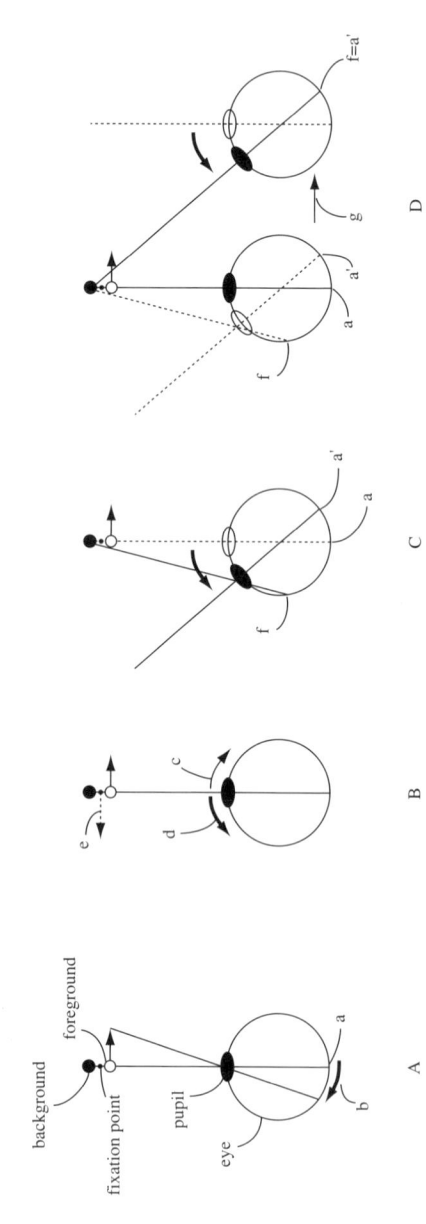

Fig. 6-2 Schematical illustration of the hypothesis about perceptual process underlying inverted vection

A : Actual state of the stimuli and the observer's eye. Foreground stimulus moves, and background stimulus does not move horizontally. Observer fixates on the fixation point. Therefore, the retinal image of the background does not move horizontally (a), and retinal image of the foreground moves in horizontal direction (b).

B : The foreground tends to induce reflexive eye-movement in the same direction as its motion (c). Such an eye-movement reflex is suppressed by fixation and intention of pursuit opposite to the foreground motion (d), which is most likely registered in the perceptual system. Stationary retinal image of the fixation point is evaluated with mis-registered eye-movement information and the induced motion of the fixation point is often perceived (e).

C : If the eye rotates actually, the retinal image of externally stationary object moves on the retina (from a' to f). But, there is no horizontal retinal image motion of the background (a) which is assumed to be stationary in the external world.

D : To solve the above contradiction between the eye-movement information and the retinal image motion of the background, it should be assumed that the observer's head moves in the same direction as the foreground motion (g). With such a head motion, observer's eye can rotate in the orbit without the retinal image motion of the externally stable object (f'=a').

幹に対する運動を示す頸部筋肉の自己受容感覚情報が存在しないため，空間内での頭部運動情報によって，観察者の身体全体の前面刺激運動方向への運動が知覚されることとなる。実際，実験に参加した実験参加者からは「前面運動方向への頭部運動が最初に感じられ，その後に身体全体が頭部に追従して運動するかの様な印象が生起する」という内省報告も得られている。この報告は，上述の議論を支持するものである。

　ここまで議論してきた様に，逆転ベクションは通常ベクションと大きく異なる現象特性を持ち，その背後にある成立機序も異なるものであることが示唆される。しかしながら，第3章第4節実験2-4において，前面刺激が背景刺激と同方向へ低速度で運動している場合，すなわち前面刺激が誘導する逆転ベクションと，背景刺激が誘導する通常ベクションとの生起方向が互いに逆方向になる様な刺激状況においては，両者の間で自己運動の相殺が生じ，ベクションが強く抑制されることが示されている。すなわち，逆転ベクションと通常ベクションとは異なる現象ではあるが，両者において誘導される自己身体の運動印象は比較可能なものであり，それらがともに存在する場合には，両者のベクトル合成（上述の例では相殺）に基づいて自己運動知覚が決定されることが示されている。

　本研究では，前面刺激運動と同方向に誘導される逆転ベクションを新たに見い出し，これまでのベクション研究では無視されてきた前面刺激が，自己運動知覚に特異的な影響を及ぼし得ることを示した。しかしながら，第4章の討論でも述べた様に，前面刺激の運動が単独で逆転ベクションを誘導可能なわけではないことに注意しなければならない。単独呈示された前面刺激運動は反対方向への通常ベクションを引き起こし（第4章第1節実験3-1），静止背景刺激とともに呈示された前面刺激はどのような自己運動知覚も誘導することはない（第3章第1節実験2-1）。このことから，逆転ベクションは前面刺激と背景刺激との間の相互作用により誘導される現象であると考えることができる。前者の事例においては，観察者の視野内には前面刺激しか呈示されておらず，観察者は自己身体定位の信頼できる基準として背景刺激を利用することができない。このような状況においては，前面刺激が自己運動知覚の基準として用いられることとなり，前面刺激運動が自己運動の結果生じる外界の静止対象の網膜

第6章　総合討論

上での見かけ上の運動であると解釈された結果，その運動とは反対方向への通常ベクションが誘導されることとなる。また，後者の事例においては，自己運動知覚の第一義的な規定要因である背景刺激の静止が示す自己身体静止の情報の影響が非常に強く，前面刺激が伝達する自己運動の情報が抑制されてしまった結果，逆転ベクションが生起しなかったと考えられる。換言するならば，逆転ベクションは，背景刺激の運動によって観察者の自己身体運動の定位が不安定になった場合にのみ，知覚可能な現象であると考えることができる。

本節では，逆転ベクション知覚の生起メカニズムについて考察を進めることにより，自己運動知覚に眼球運動情報が大きな影響を及ぼしていることを示すことができた。本研究以外にも，自己運動知覚に眼球運動情報が重要な役割を果たすことを示唆する実験結果が報告されており（e. g, Brandt, Dichgans & Büchele, 1974; Mergner, Wertheim & Rumberger, 2000），今後観察者の自己身体の空間定位のメカニズムを検討していく際には，その両者の関連をより詳細に分析し，知覚情報処理過程における自己運動情報と眼球運動情報との相互作用に関し総合的な理解を深めていくことが重要となろう。

2-2　前面刺激運動速度の効果

前面刺激運動が眼球運動情報の誤登録を引き起こすと仮定することによって，逆転ベクションの生起を説明することが可能となった。しかしながらこの仮説に基づくと，より速い前面刺激運動は，より強い反射的眼球運動を引き起こし，それによって誤登録される眼球運動の情報も強いものになると考えられる。したがって，高速運動する前面刺激が呈示された場合にはより強い逆転ベクションが誘導されると予測され，低速運動する前面刺激によってのみ逆転ベクションが生起するという，本研究で示された逆転ベクションの速度依存性を説明することができない。また，上述の議論では，前面刺激運動のみが眼球運動情報に影響を及ぼすことを仮定しているが，その根拠は説明されていない。すなわち，前面刺激と同様に，背景刺激が眼球運動情報に影響を及ぼす可能性も考えなければならない。

これらの事案に関し，以下に関連する過去の知見を述べる。眼球運動をしながら前進する際の網膜像運動をシミュレートしたオプティカルフローを用いた

進行方向判断に関する一連の実験によって，シミュレートされた眼球運動の速度が十分低速度の場合には，オプティカルフロー情報に含まれる視覚情報のみから十分な精度の眼球運動情報を得ることが可能であることが示されている（e. g., Banks Ehrlich, Backus & Crowell, 1996）。一方，シミュレートされた眼球運動速度が高速度である場合には，眼球運動情報の推定には動眼指令情報等の非網膜性情報の利用が必要となる。この結果から，低速度の視覚刺激運動が眼球運動情報に及ぼす影響は，高速刺激運動のそれと比べてより強いものであると考えることができる。また，観察者の反射的眼球運動を分析した諸実験によって，運動刺激が注視点（輻輳平面）より手前に呈示される場合（前面刺激）には，その背後に呈示される場合（背景刺激）よりも，誘発される反射的眼球運動のゲインが高くなること（Howard & Marton, 1992; Kawano, Inoue, Takemura & Miles, 1994），同一方向へ異なる速度で運動する2つの運動パターンを同時に呈示した場合には，反射的眼球運動は運動速度が低いパターンに対応して生起すること（Mestre & Masson, 1997），等が示されている。これらの結果は，低速度運動する前面刺激が観察者の眼球運動に大きな影響を及ぼすことを示唆しており，前面刺激の低速度運動によって眼球運動情報の誤登録がより効果的に生じ，それに基づき逆転ベクションが生起すると説明する本研究の議論と整合するものである。

2-3　前面刺激運動が眼球運動情報に及ぼす効果

本研究では，前面刺激運動によって潜在的に誘発される反射的眼球運動が，静止対象への意識的注視によって抑制されることにより，前面刺激運動とは反対方向への眼球運動を示す情報が知覚情報処理過程に誤登録されると考えた。しかしながら，他のプロセスによって前面刺激運動が眼球運動情報に影響を及ぼすことも考えられる。ここでは，眼球運動情報の誤登録の発生機序に関し，他に想定し得る可能性について言及する。

Duffy & Wurtz（1993）は，観察者の眼球運動により外界の静止対象が網膜上で眼球運動と反対方向に均一に運動することから，眼球運動情報と自己運動知覚との間の相互作用を考える際に，視覚刺激の均一な平行運動によって眼球運動情報が直接得られると仮定した。ただし，視覚パターンの運動が眼球運動

第6章　総合討論

を示す情報として直接利用されるためには，その視覚対象が空間内で静止していることが仮定されなければならない。しかしながら，視空間内で観察者の近くに位置する対象は観察者の運動とは無関係に環境内を運動することが多く，逆転ベクションを誘導する前面刺激は，通常ベクションを誘導する背景刺激とは異なり，その外界での不動性を仮定することができない。したがって，逆転ベクションの生起に際して，前面刺激の運動が直接眼球運動情報として登録されるというプロセスは考えにくい。

　また，第5章の実験4-1および実験4-2において，前面刺激と注視対象との間の空間的な近接度が逆転ベクションに及ぼす影響が，視覚対象の誘導運動知覚における誘導刺激と被誘導対象との間の近接度の効果と同一であることを示し，両知覚現象間に共通の機構，すなわち反射的眼球運動の抑制にともなう眼球運動情報の誤登録が関与していると考えた。しかしながら観点を転換し，前面刺激運動によって誘導された注視対象の誘導運動知覚が，眼球運動情報の誤登録を引き起こすと考えることも可能である。Mack, Heuer, Fendrich, Vilardi & Chambers（1985）は，視覚対象の誘導運動場面において，知覚的な運動印象が誘導された被誘導対象を注視することによって，その視覚対象を追視しているかの様な印象が生じることを示し，対象間の相対運動によって生じた誘導運動知覚によって眼球運動に関する錯誤が生起する可能性があることを指摘している。したがって，前面刺激と静止注視点との間の相対運動が注視点の知覚運動を誘導し，その見えの運動を示す注視点に対する持続的な注視によって，結果として眼球運動情報の誤登録がなされ，その眼球運動情報に基づいて逆転ベクションが生起するという過程も想定しうる。これまで述べてきた様に，前面刺激の運動速度が低速度の場合においてのみ逆転ベクションが誘導されることが明らかとされているが，誘導刺激の運動速度が低速度の場合に視覚対象間の相対運動の効果がより強力に現われ，対象の誘導運動がより強く誘導されることを考えると（e.g., Dunker, 1929），まず視覚刺激間の相対運動によって注視対象の運動印象が生起し，それに基づいて眼球運動情報の誤登録が生じるとする上記の考察は，ある程度の妥当性を有するものであると考えることができる。

　さらに，眼球運動情報の誤登録と逆転ベクションとの関連に関しては，以下

に述べるまた別の可能性も想定することができる。第5章第5節の実験4-5では，逆転ベクション知覚中の観察者に眼球運動課題を課すことによって，逆転ベクション生起状況下では知覚情報処理過程に登録される眼球運動情報がバイアスを受けていることを示す結果を得た。本研究では，この結果を眼球運動情報の誤登録が逆転ベクションの成立要因であるとする仮説を強く支持するものであると考えた。しかしながら，この結果を解釈する際には，眼球運動情報の誤登録が逆転ベクションの原因となっている可能性に加え，逆転ベクションが生起した結果，眼球運動に関する錯誤が生じたという可能性も考えなければならない。すなわち，観察者が正面にある注視点を凝視した状態で，前面刺激運動が何らかの形で同方向への自己身体運動知覚を誘導することによって，眼球が眼窩内で前面刺激運動とは反対方向に変位しているとの誤判断が生じたと考えるのである（実際に空間内で静止している視覚対象への凝視を維持したまま，頭部を任意の方向へ移動させた場合には，観察者の眼球は眼窩内で頭部移動方向とは反対方向に変位することとなる）。ただし，この場合には，前面刺激運動が同方向への自己運動知覚を誘導する機序を眼球運動情報の誤登録とは独立に想定する必要があるが，現時点では眼球運動情報の関与以外に逆転ベクション生起を整合的に説明する理論的枠組みは考えにくい。

2-4　視覚パターン運動方向に誘発される自己運動知覚

本研究で報告した逆転ベクション以外に，視覚パターンの運動と同方向に自己運動知覚が誘導される事例が数例報告されている。前述した様に，Howard & Heckman (1989) は静止背景刺激の手前に運動前面刺激を呈示した場合に，前面刺激と同方向への自己運動知覚が誘導されることを報告している。Howardらは，前面刺激の運動が，それとは反対方向への背景刺激の見かけ上の運動を誘導し，その背景刺激の見えの運動がそれとは反対方向，すなわち前面刺激運動と同方向への自己運動知覚を誘導すると考えた（対比運動ベクション）。しかしながら，第4章第3節実験3-3において，前面刺激が背景刺激の見えの運動を誘導し得ない状況においても逆転ベクションが生起することが示されており，刺激パターン間の相対運動，およびそれにともなう視覚対象の誘導運動知覚は逆転ベクションの第一義的な成立要因とはなり得ないことが明らかに

されている。Howardらの刺激条件設定と本研究におけるそれとは，異なる奥行き平面上に呈示される2つのランダムドットパターンを用いるという点では共通であり，Howardらが報告した事例においても，本研究において仮定した前面刺激運動による眼球運動情報の誤登録が関与していた可能性を考えることができよう。

また，Howard & Heckman（1989）の実験においては，静止背景刺激と運動前面刺激との組み合わせによって前面刺激運動と同方向への自己運動知覚が生起することが報告されているが，本研究においては，背景刺激が静止している場合には前面刺激は自己運動知覚を誘導し得ないことが示されている（第3章第1節実験2-1）。この結果の差異の原因の一つとして，Howardらは背景刺激を周辺領域に，前面刺激を中心領域に限定して呈示したのに対し，実験2-1では両刺激パターンともスクリーン全面に呈示したという刺激呈示様式の違いがあげられる。さらに，Howardらは垂直軸周りの回転ベクションを対象としたのに対し，本研究は前額平行面上での水平方向への直線ベクションを問題としている。この自己運動の種類の違いも，上述の結果の差異の要因の1つとして考えられる。

本研究およびHoward & Heckman（1989）の実験は，視覚刺激に奥行き構造を導入することによって，視覚刺激運動と同方向への自己運動を導出している。一方，Brandt, Dichgans & Büchele（1974）は，単一奥行き平面上に呈示される通常の視覚パターンの運動を比較的長時間（10分以上）観察した際に，誘導される自己運動強度が周期的に変動し，その間に短時間，刺激運動と同方向への自己運動が生起する場合があることを示した。彼らは，自己運動知覚の強度および方向の変動が，観察者の視覚運動性ニスタグマス中の平均眼位の変化と非常によく相関することから，自己運動知覚と眼球運動制御との間に密接な関係があることを示唆した。これは，知覚情報処理過程に誤登録される眼球運動情報によって自己運動知覚の生起方向が修飾されるとした本研究の結論と関連するものである。また，Egusa & Tashiro（1988）は運動刺激を焦点をはずして観察することによって，Oman, Bock & Huang（1980）は左右反転眼鏡を装着し視野の左右逆転に比較的短時間（2時間程度）順応することによって，自己運動知覚が刺激運動と同方向に生起することを示している。今後は，これらの

諸研究の結果と逆転ベクションの成立機序との関連について検討をすすめ、視覚刺激運動が自己運動知覚に及ぼす影響、特にその生起方向の特性について考察を一層深めなくてはならない。

●第3節　生理学的知見との対応

　本節では、ここまで検討してきた視覚刺激運動による自己運動知覚と関連する神経生理学上の知見について議論を行なう。

　これまでの一連の神経生理学的な検討によって、側頭葉MST（Medial Superior Temporal）野と呼ばれる領域には、MT（Middle Temporal）野において処理された局所的な視覚運動情報を統合し、視野全体の一様な運動に特異的に反応するニューロン群が存在することが明らかにされている（e. g., Tanaka, Hikosaka, Saito, Yukie, Fukuda & Iwai, 1986; Saito, Yukie, Tanaka, Hikosaka, Fukuda, & Iwai, 1986; Duffy & Wurtz, 1991a, 1991b）。これらのMST野細胞は、視野全体の平行移動、回転、拡大・縮小に特定的に反応するという運動タイプ選択性を持つのに加え、運動方向や、運動速度、回転・拡大中心位置に対する選好性も有する（Tanaka & Saito, 1989）。観察者の身体が空間内で運動する場合には、外界に存在する静止対象が網膜上である一定の規則にしたがって運動することになる。観察者自身の運動に随伴する視野の全体運動のパターン（例えば運動の種類、速度、方向等）は、その原因である自己運動の属性と一意に対応する。したがって視野の全体的な運動を分析することによって、観察者の自己身体の運動に関する情報を得ることができる。多くの研究者によって主張されている様に、上述したMST野における全体運動の情報処理が、視覚情報に基づく自己運動認識の神経生理学的基礎となっていると考えられる。

　また、MST野の細胞の一部は、自己運動にともなう網膜像の全体的な運動に反応するとともに、眼球運動に関連した反応を示すことが知られている（Komatsu & Wurtz, 1988a, 1988b; Newsome, Wurtz & Komatsu, 1988）。したがって、MST野は自己運動知覚に関する情報処理を担っているのみならず、視覚運動パターンに対する眼球運動の制御にも関与していると考えられる。最

第6章　総合討論

近，自己の前方への運動に随伴する視野の拡大に反応するMST野細胞が，眼球運動に関する情報に基づいてその選好する拡大中心（自己進行方向と対応）を変化させることが明らかとなり，MST野において眼球運動情報と自己運動に関する情報とが統合されていることが示唆された（Bradley, Maxwell, Andersen, Banks & Shenoy, 1996）。第5章の諸実験において，逆転ベクションの生起には眼球運動に関する情報が深く関与していることが示されており，上述のMST野における自己運動と眼球運動とに関する情報統合が，逆転ベクション成立に重要な役割を果たしていると考えることができる。

さらに，Roy & Wurtz（1990）は，両眼視差による奥行き情報が一部のMST野細胞に伝達されており，それらの神経細胞が運動刺激の奥行き情報に応じてその運動方位選好性を反転させる，すなわち，例えば前面刺激のある方向への平行運動に選択的に反応するニューロンが，背景刺激の反対方向への運動にも同様に反応することを報告している。この知見は，前面刺激はその運動と同方向への自己運動（逆転ベクション）を，背景刺激は反対方向への自己運動知覚（通常ベクション）を誘導するという，本研究において見い出された自己運動知覚における前面刺激と背景刺激との機能的な差異と一致するものである。

自己運動知覚には，視覚情報のみならず，平衡感覚や体性感覚等の複数の感覚情報が関与している。単一神経活動記録等の神経生理学的検討により，小脳前庭神経核（vestibular neucli）において，自己運動に関与する視覚情報と平衡感覚情報とが統合されていることが示されている（e.g., Henn, Young & Finley, 1974; Waespe & Henn, 1977）。さらに近年，視覚情報と平衡感覚情報との統合が，大脳皮質レベルにおいても実現されていることが明らかにされつつある（e.g., Straube & Brandt, 1987; Buttner & Straube, 1994）。このことは，視覚情報が自己運動に関する情報処理に影響を及ぼす過程に，少なくとも2つの処理レベルがある可能を示唆している。序論で述べた様に，視覚誘導性の自己運動知覚はかならず一定の潜時を必要とする。この様に時間的応答性の悪い情報に基づいて自己運動の制御を行なっているとは考えにくく，自己運動知覚の結果を身体運動の制御には用いることができないと考えざるを得ない。視覚刺激運動による自己運動知覚と身体動揺との間の潜時の差異（身体動揺がベクション知覚に先行する）はこのことを端的に示す。この自己運動の認識とその制

御との間の乖離は，上述した自己運動に関する視覚情報の神経伝達経路が複数存在するという考察によって整合的に理解することができる。すなわちより速い応答性が要求される自己運動の制御に関しては，即応性の高いより低次の情報処理経路が用いられ，自己運動に関するより詳細な情報が要求される認識に関しては，高次視覚中枢によって高度に分析された視覚情報が利用されるのであろう。

　また，PET（Positron Emission Topography）による脳活動の非侵襲計測によって，視覚刺激と平衡感覚刺激とを同時に与えた場合に，平衡感覚情報を処理する前庭皮質と視覚運動情報を処理する視覚中枢の間に抑制的な相互作用が生じることが報告されている（Brandt, Bartenstein, Janek & Dieterich, 1998）。この知見は，自己運動認識に関し，平衡感覚情報と視覚情報の双方をともに満足させ得る安定解を求める神経回路網が，平衡感覚情報処理系と視覚情報処理系との間の相互抑制的情報伝達によって実現されていることを示唆する。この視覚―平衡感覚間の相互抑制的情報伝達の概念を用い，ベクション知覚の時間特性を以下の様に解釈することができる。すなわち，ベクション知覚の潜時を上述の相互抑制回路が安定状態に達するまでに要する時間として理解し，さらにベクション知覚の時間的変化（刺激運動観察中に自己運動が感じられる状態と感じられない状態が交互に生じたり，ベクション強度が時間経過にともなって律動したりすること；e.g., Brandt, Dichgans & Büchele, 1974）を相互抑制回路の発振状態（2つの系の相互抑制により，回路の出力が時間経過にともなって周期的に変化すること）として理解することが可能である。

●第4節　ベクション知覚に及ぼす平衡感覚情報の効果

　本研究では，ベクション知覚に影響を及ぼす視覚刺激要因を分析することによって，視覚情報に基づく自己運動知覚のメカニズムを検討した。しかしながら序論においても述べた様に，自己運動の知覚には，視覚情報のみならず，平衡感覚，体性感覚等の他の感覚情報も関与しており，その間の相互作用が非常に重要な役割を果たしていることが指摘されている（e.g., Dichgans &

第6章 総合討論

Brandt, 1978)。したがって，自己運動知覚の成立メカニズムの検討に際しては，視覚，平衡感覚，体性感覚という複数の感覚情報が自己運動知覚にどの様な影響を及ぼしているのかを明らかとすることは重要な課題であり，さらにそのモデル化を図る際には，各感覚情報の関与を明示的に記述可能なモデルを構築しなければならない。そこで，自己運動知覚における感覚間相互作用の役割を考察するために，以下にベクション知覚に及ぼす平衡感覚情報の影響を概観し，自己運動知覚における視覚情報と平衡感覚情報との統合過程に関してこれまでの検討により得られている知見の整理を行なうこととする。

自己運動知覚における視覚と平衡感覚との間の相互作用を示す現象として，平衡感覚情報によるベクション知覚の抑制がよく知られている。観察者がベクションを経験している場面においては，視覚情報は自己運動の情報を伝達するが，実際には身体は静止しているので，平衡感覚情報はその自己運動に対応する加速度の情報を伝えることはない。すなわち，ベクション知覚時には平衡感覚情報と視覚情報とが互いに矛盾することとなり，その感覚情報間の矛盾がベクション生起を抑制する。したがって，何らかの要因により自己運動知覚に対する平衡感覚情報の関与がより少なくなるような場合には，自己運動知覚における視覚刺激依存性が相対的に増し，ベクション知覚がより強いものとなる。例えば，両側性の前庭感覚器官障害を持つ観察者は，健常な観察者と比較して，視覚刺激の運動による自己身体の運動知覚がより強くなる（Cheung, Howard, Nedzelski & Landolt, 1989; Redfern & Furman, 1994; Mergner, Schweigart, Müller, Hlavacka & Becker, 2000)。また，健常な観察者でも，宇宙空間や放物線飛行（parabolic flight）中の無重力ないしは微弱重力環境下においては，平衡感覚情報を利用することができず，自己運動知覚における視覚情報の影響が増大し，ベクション知覚がやはりより強いものとなる（Young, Shelhamer & Modestino, 1986; Watt & Landolt, 1990; Reshke, Bloomberg, Harm & Paloski, 1994)。これらの結果は，上述の考察を支持するものである。

また，この視覚と平衡感覚の間の抑制的な相互作用を典型的に表す現象として「自己回転のパラドックス（paradox of self-rotation）」をあげることができる。前額平行面上で視線方向を軸として回転運動する刺激パターンを観察すると，パターンの回転とは逆方向への自己身体の回転運動（ロールベクション）

第4節　ベクション知覚に及ぼす平衡感覚情報の効果

が持続的に知覚される（e.g., Watt & Landolt, 1990）。しかし，それにともなう自己身体の傾きの印象はある一定の角度で飽和し，それ以降は身体の回転運動の印象は持続するが，身体傾斜はその角度を維持し続けるかのような印象が生じる。この現象は，平衡感覚器官によってもたらされる重力方向に対する自己身体の傾き情報が，視覚刺激が誘導する自己運動にともなう自己定位の変化を阻害するためであると考えられている（Held, Dichgans & Bauer, 1975; Young, Oman & Dichgans, 1975）。したがって，自己運動知覚に対する平衡感覚の関与が生じない平衡感覚障害患者や無重力状況における観察では，上記パラドックスは生起せず，視覚刺激の回転にともなって自己身体が回転し続けるような感覚が生じる（Young, Shelhamer & Modestino, 1986）。また Howard, Cheung & Landolt（1987）は，さまざま視覚刺激回転方向（ロール，ピッチ，ヨー）と観察姿勢（立位，横臥，側臥）とを組み合わせることにより上記の自己回転のパラドックスを一般化し，視覚刺激運動によって誘導される自己運動情報と平衡感覚器官からの重力方向の情報とが矛盾する組み合わせ（立位におけるロールおよびピッチ，横臥におけるピッチ，側臥におけるロール）において，平衡感覚情報による自己運動知覚の抑制が生じることを確認している。

　これまでの自己運動知覚における平衡感覚情報の影響の検討は，前庭機能障害の患者等の特殊な観察者，宇宙空間や放物線飛行中の無重力環境等の特殊状況，もしくは観察者の身体全体を任意の加速度で運動させ続ける大型の装置を用いてなされることが多く，その研究要件の特殊性ゆえ平衡感覚情報の関与を詳細に分析することが困難であった。しかしながら，前庭感覚器官の内，直線加速度の検出を担う耳石器官は重力方向の変位にも応答する。したがって，観察者の姿勢を重力方向に対し変化させることにより，平衡感覚情報を操作することができる（e.g., Howard & Gonzalez, 1987; Watt & Landolt, 1990; Kano, 1991）。

　Nakamura & Shimojo（1998b）は，自己運動知覚における視覚情報と平衡感覚情報との間の交互作用を検討するために，観察者の観察姿勢を操作することによって知覚情報処理過程に入力される平衡感覚情報を変化させ，そのベクション知覚に及ぼす影響を分析した。Nakamura らの実験では，観察姿勢操作として，観察者の身体を視覚刺激に対し後方に傾斜させた（Fig. 6-3 にその実験

第6章 総合討論

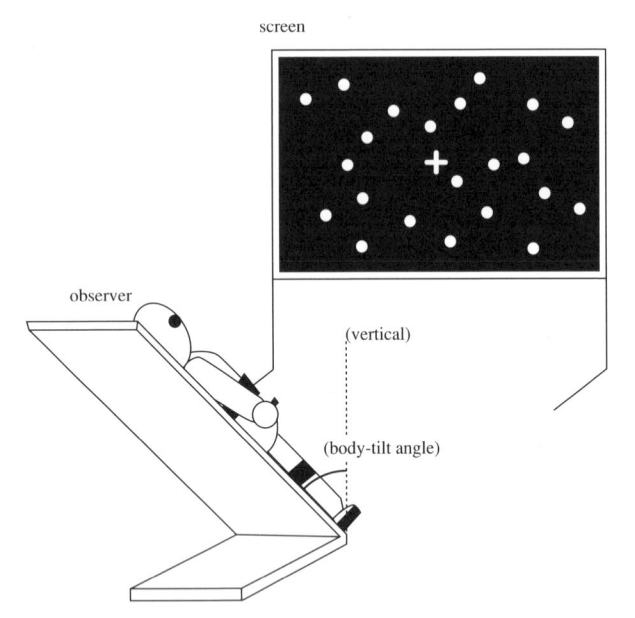

Fig.6-3 Schematical illustration of experimental setting of Nakamura & shimojo (1998b)

状況の設定を図示する)。実験の結果，水平方向のベクション（水平運動条件）は後方への身体傾斜の影響を受けないが，垂直方向のベクション（垂直運動条件）は身体傾斜角度の減少（身体がより垂直に近づいた状態）によってその強度を減少させることが明らかにされた（Fig. 6-4）。垂直運動条件においては，身体傾斜角度が減少するにしたがい（身体姿勢が直立に近づくにしたがい），実験参加者の身体軸と視覚刺激の運動方向との間の空間的な配置関係が，交差から平行に近づく。一方水平運動条件では，両者は身体傾斜角条件によらず，常に交差の関係にある。したがって上述の結果は，観察者の身体軸と運動方向とが交差の関係にある場合にはベクションが強く誘導され，両者の関係が平行に近づくにつれベクション強度が減少することを示している。

　日常的な環境において，我々は直立姿勢をとって水平方向に移動することが多い。この場合には，身体軸と運動方向とは交差の関係にある。一方，担架に横臥し水平方向に移動する場合や，エレベータで直立し垂直方向に移動する場合などの限定された人工的な状況においてのみ，両者の関係が平行となる。前

第4節　ベクション知覚に及ぼす平衡感覚情報の効果

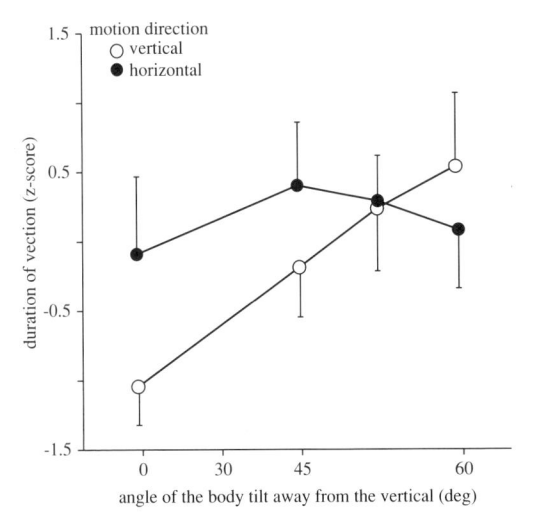

Fig. 6-4　Standardized duration of vection as a function of body-tilt angle（Nakamura & Shimojo, 1998b）

述のNakamuraらの実験においては，垂直運動条件において実験参加者の身体傾斜角が減少し姿勢が直立に近づくにしたがい，自己運動方向と身体軸との関係がこの稀な対応（平行関係）に近づく。この様な稀な感覚情報間の対応関係は視覚情報と平衡感覚情報との間の矛盾と考えることができ，その様な状況では平衡感覚情報によりベクション知覚が抑制されると考えられる。一方水平運動条件では，どのような身体傾斜角条件においても身体軸と自己運動方向は常に日常的な対応（交差関係）を保っており，自己運動に関する視覚情報と平衡感覚情報との間の矛盾は存在しないので，平衡感覚情報によるベクションの抑制は生起せず，常にベクション強度が比較的高い水準となる。Nakamuraらの実験は，視覚情報と平衡感覚情報との間の相互作用が方位選択的なものであり，その効果が日常場面における両情報の対応を考えることによって整合的に理解可能であることを示している。

　これまで述べてきた様に，自己運動知覚の成立には多くの感覚情報が関与している。今後，電気性刺激や温度性刺激等の多様な方法による前庭感覚器官の活性化を用い（e.g., 日本平衡神経科学会, 1986），視覚—平衡感覚情報間の相互作用の過程をより詳細に検討するとともに，自己運動知覚に関与するもう1

第6章　総合討論

つの感覚モダリティである体性感覚情報の影響をも考えていかなければならない。この様な検討によって，自己運動の認識に関する感覚情報の統合過程を全体的に理解することができよう。

●第5節　自己運動および対象運動知覚のモデル構築

5-1　複層の座標系間での情報変換に基づく運動知覚のモデル

序論第3節で述べた様に，本研究で検討した自己運動に関する知覚情報処理は，対象運動の知覚情報処理過程と相互に密接に関連している。にもかかわらず，その両者を統合的に説明する理論的枠組みは未だ提出されていない。本節では，本研究の諸実験の結果，およびこれまでの運動知覚に関する心理学的・生理学的研究の知見を総合することにより，両者の関係を有機的に記述可能なモデルの構築を試みる。

我々は常に身体，頭部，眼球を運動させることによって，外界の情報を能動的に探索している。これらの運動にともない，視覚情報の受容器である網膜の，空間的な位置および方位は複雑に変化する。したがって，外界において対象物が静止している場合においても，観察者の眼球等の運動に依存して対象の網膜像が運動する状況が恒常的に生じる。対象の安定した空間定位を実現するためには，この様な不安定な網膜像変動を種々の媒介情報を用いて補正し，網膜像の運動の如何にかかわらず外界における対象の真の運動と対応した認識を実現する必要がある。この様な外界の視覚対象の安定した空間定位は，対象の運動を，網膜上での位置を規準とする座標系ではなく，観察者の身体，頭部，眼球の運動によって影響を受けない外部空間を基準とする座標系によって表現することで実現可能となる。

ここで，空間情報の表象に関する座標系として，観察者の眼球位置に基づく眼球中心座標系（以下，眼球座標系；e），頭部の位置に基づく頭部中心座標系（頭部座標系；h），身体の位置に基づく身体中心座標系（身体座標系；b），外界の絶対空間に基づく外部空間中心座標系（空間座標系；s）を想定し，各座

第5節　自己運動および対象運動知覚のモデル構築

標系間での情報統合および変換の過程を考える。例えば視覚対象の空間定位に関しては，眼球座標系はその対象が網膜上のどの部位に投射されるか，頭部座標系および身体座標系は頭部および身体に対しその対象がどの方位に位置するか，空間座標系はその対象が外部空間内のどこに位置するかを符号化する。したがって，眼球座標系では眼球位置（凝視方向）の変化によって，頭部および身体座標系では頭部および身体の方位の変化によって，それぞれ外界の静止対象の位置の表象が変容するが，空間座標系では，観察者の眼球，頭部，身体の運動によって外界の静止対象の表象は変化しない。

　また，眼球，頭部，身体等の観察者の身体各部位の位置および運動も，同様に上述した多層の座標系によって表象される。観察者の眼球位置は，頭部，身体，空間の各座標系において，それぞれ頭部，身体，外部環境に対する方位として符号化され，頭部の方位は身体・空間の両座標系によって，身体の方位は空間座標系によって記述される。視覚対象および身体各部位の各座標系における空間表象は，視覚，体性感覚，平衡感覚等の複数の感覚情報，自発的自己運動に関する運動性情報（運動指令情報），および他の座標系における空間定位情報を統合することによって決定される。Fig. 6-5 に，視覚対象および自己身体の空間定位に関する情報統合の過程を模式的に示す。図中 O, E, H, B は，それぞれ任意の座標系における視覚対象，眼球，頭部，身体の運動の表象を示し，e, h, b, s はそれぞれ眼球，頭部，身体，空間の各座標系を示す（したがって，例えば Oe は眼球座標系で表象された視覚対象の情報を示す）。

　ここで，複層の座標系間の情報変換の過程として，以下の2種類の操作を考える。1つは，ある座標系で表象された任意の対象の情報を，2つの座標系間の関係を示す情報に基づいて，別の座標系でのその対象の表象に変換する過程である。例えば，眼球座標系で表象された視覚対象の運動の情報（Oe）を，空間座標系における眼球運動の情報（Es）に基づき，空間座標系で表象された視覚対象の運動情報（外部空間内での視覚対象の運動の情報；Os）に変換する場合が該当する。この変換を順方向変換と呼び，加算記号（＋）で表わすこととする（Oe＋Es＝Os）。もう一つは，任意の対象の複数の座標系における表象を用い，複数の座標系間の関係についての情報を抽出する過程である。空間座標系で表象された眼球運動情報（Es）と頭部座標系で表象された眼球運動情報

147

第6章 総合討論

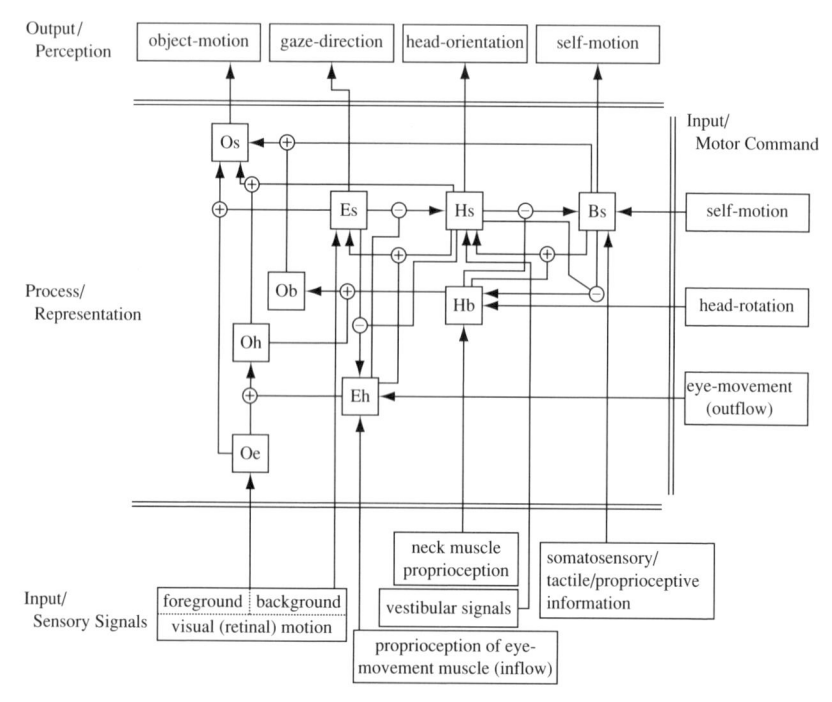

Fig. 6-5 Multi-layered model describing information processing underlying motion perception both of object and self-body

Note) Upper cases indicate represented information about spatial location or motion
 O : Object, E : Eye, H : Head, B : Body
 Lower cases indicate representation (coordination) systems s : External-space coordinate, b : bodycentric coordinate, h : Headcentric coordinate, e : retinocentric coordinate

(Eh) から，空間座標系における頭部運動情報（Hs）を抽出する場合が当てはまる。この変換を逆方向変換と呼び，減算記号（－）で表わすこととする（Es－Eh＝Hs）。また逆方向変換には，任意の座標系における複数の対象の表象の関係から，座標系間の関係に関する情報を抽出する場合も含まれる（例えば，空間座標系における眼球運動情報と頭部運動情報から，頭部座標系における眼球運動情報を抽出する；Es－Hs＝Eh）。

この順逆両方向の変換を表わす算術記号（＋／－）は，情報統合がなされる際の各々の表象が示す運動方向に関する情報を反映する。便宜的に右方向への運動に正の値を付し，左方向への運動に負の値を与えるとすれば，左方向へ速度20での（頭部に対する）眼球運動を行った場合には，Ehには－20が代入されることとなる（記述の単純化のため無名数を用いて運動速度を示すこととする）。その際，観察者の頭部が空間内を右方向に速度10で運動していたならば，Hs＝＋10となり，EhとHsとを順方向変換することによって，左方向への速度10での観察者の視線方向の変化が生じていたことを示す情報が得られる（Eh[－20]＋Hs[＋10]＝Es[－10]）。反対に，観察者の視線方向が左方向に速度10で運動しているという情報（Es＝－10）を，眼球の眼窩内での左方向への速度20の運動に関する情報（Eh＝－20）を用いて逆方向変換することにより，右方向への速度10の頭部運動情報が得られる（Es[－10]－Eh[－20]＝Hs[＋10]）。また，この順逆両方向の変換の間には，一般の算術加算式と同じく移項の原理が成立する（例えば，Es－Eh＝Hs → Es＝Hs＋Eh）。

5-2　対象運動の認識過程

上述した複数の座標系間の情報変換過程の概念を用いて，視覚対象の運動認識に関する情報処理プロセスを検討する。視覚情報，すなわち網膜像情報には，外界の対象の運動にかかわる情報に加え，いわゆる背景の運動に関する情報が含まれている。外界の静止対象の網膜上での運動は観察者の眼球の空間内での運動を反映したものであるので，外界において静止していると考えることのできる背景刺激を特定し，それを視覚運動情報から抽出することによって，空間座標系における眼球運動の情報（Es）を得ることができる。また網膜像情報に含まれる対象の運動に関する情報から，眼球座標系における視覚対象の運動の

第6章 総合討論

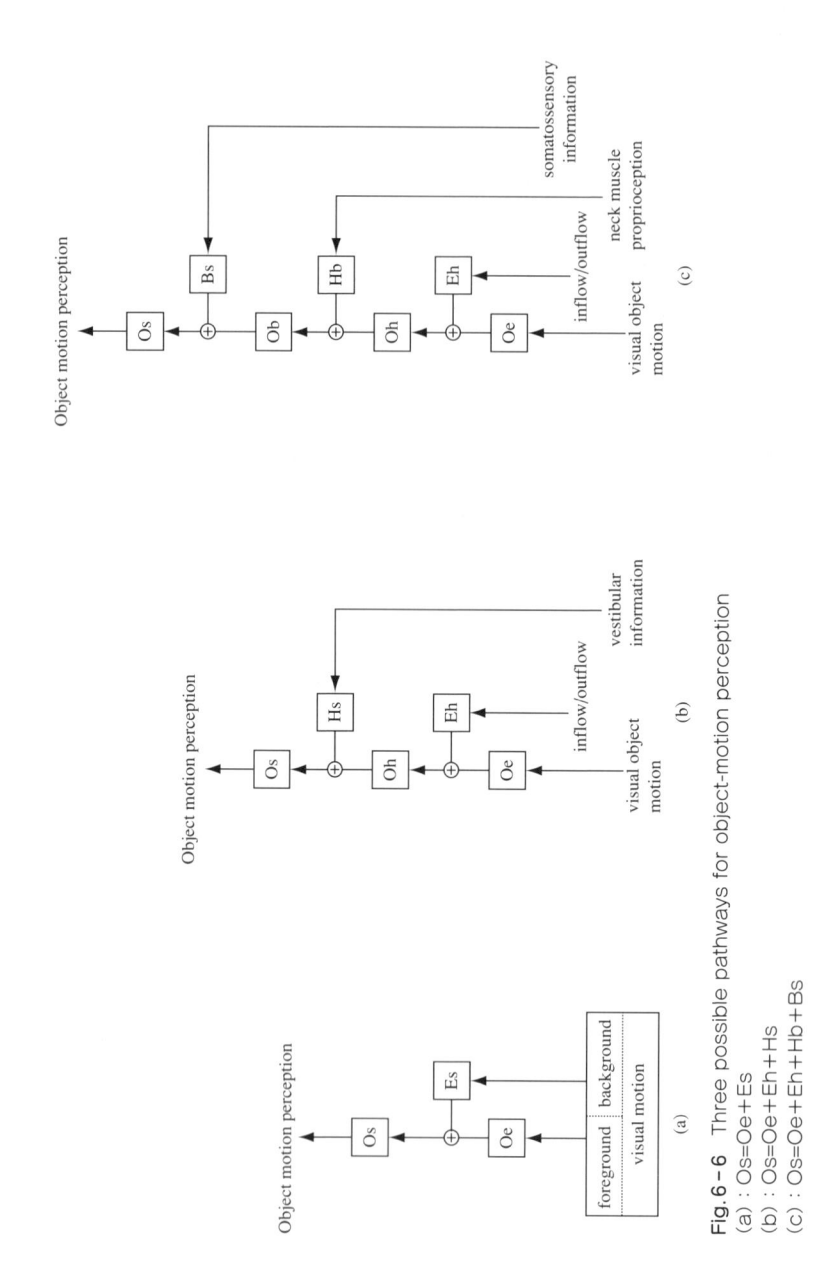

Fig. 6-6 Three possible pathways for object-motion perception
(a) : Os=Oe+Es
(b) : Os=Oe+Eh+Hs
(c) : Os=Oe+Eh+Hb+Bs

表象（Oe）が形成される。第1章第4節で述べた比較相殺過程に関する研究によって，眼球運動の制御中枢からの動眼指令情報（outflow）や，動眼筋収縮にともなう自己受容感覚情報（inflow）に基づいて，頭部座標系における眼球運動の情報（Eh）が算出されることが明らかとされている（e.g., Matin, 1986）。Oe は，Eh により順方向変換されることによって，頭部座標系における視覚対象の運動の情報（Oh）に変換される（Oe＋Eh＝Oh）。一方，空間座標系における頭部位置情報（Hs）は，耳石器および三半規管からの平衡感覚情報によって得られる。Oh と Hs とを順方向変換することによって，空間座標系における視覚対象の運動（Os）を記述することができる（Oh＋Hs＝Os）。また，Nakamura（1996, 1997）において，背景運動情報によって得られる Es が，視覚対象の運動知覚に大きな影響を及ぼしていることが示されており，Es を用いて Oe を直接 Os に順方向変換することも可能であると考えられる（Oe＋Es＝Os）。これら一連の過程によって，網膜像に投影された視覚対象の運動を，眼球運動や身体運動によって影響を受けることのない空間座標系で記述することが可能となる。すなわち，それは，外界における対象の運動または静止に関する正しい知覚が達成されることを意味する。

　さらに，頸部筋肉の自己受容感覚情報によって，身体座標系における頭部位置の情報（Hb）が得られる（Biguer, Donaldson, Hein & Jeannerod, 1988; Taylor & McCloskey, 1991; Karnath, Silvering & Fetter, 1994; Karnath, 1994）。この情報に基づき，頭部座標系における視覚対象の情報（Oh）を，身体座標系におけるそれ（Ob）に順方向変換することができる（Oh＋Hb＝Ob）。また，筋運動感覚を含む体性感覚情報によって得られる空間座標系における身体運動の情報（Bs）を用い，Ob から Os が順方向変換によって算出される（Ob＋Bs＝Os）。視覚対象の空間定位に関する情報処理の経路として，この様な身体座標系を経由する過程も想定可能である。Fig. 6-5 に記述した情報処理モデルにおいて，上述した対象運動認識のプロセスに関連する部分を Fig. 6-6 に図示する。

5-3　自己運動の認識過程

　次に，各座標系における観察者の身体各部位の運動情報の変換過程について検討する。上述の様に，Eh は動眼指令情報（outflow）や動眼筋の自己受容感

第6章　総合討論

覚に基づく情報（inflow）によって，Es は視覚情報に含まれる背景刺激運動によって，Hs は平衡感覚情報によって，それぞれ得ることができる。これらの各身体部位情報は相互に影響を及ぼしあう。例えば，Es と Hs から Eh を逆方向変換によって算出することができる（Es－Hs＝Eh）。同様に，Es, Eh から Hs を，Eh, Hs から Es を決定することが可能である（Es－Eh＝Hs；Eh＋Hs＝Es）。また Hb, Bs および Hs も，順逆両方向の変換によって相互に影響を及ぼしあうと考えられる（Hs－Hb＝Bs；Hs－Bs＝Hb；Hb＋Bs＝Hs）。この様な各座標系間の身体運動情報の統合過程によって，複数の感覚情報によって伝達される身体各部位の運動に関する情報を，矛盾なく安定して表象することが可能となると考える。ベクション知覚に先行する潜時は，自己運動を示す視覚情報と，自己の静止を示す平衡感覚情報および体性感覚情報との間の，身体運動に関する情報の矛盾を，上記の複数の座標系における身体各部位の空間表象間の相互影響過程によって解消し，矛盾のない安定した自己運動の認識を達成するために必要な時間に相当すると理解できる。本章第3節において述べた様に，自己身体の空間定位に関する視覚情報と平衡感覚情報の処理を司る中枢神経系は，相互に抑制的な情報伝達を行なう神経回路網を形成している（Brandt, Bartenstein, Janek & Dieterich, 1998）。上述の各座標系間の情報統合の過程も，同様の神経回路によって実現されているものと推察される。複層の座標系による過剰決定的（冗長表現的）な空間定位情報を利用することによって，系の一部の損傷やノイズ等による感覚情報の混乱に対しても，安定した空間表象を保持することが可能な頑健な空間定位のシステムが実現されるのであろう。

　この様にして形成された観察者の身体各部位の運動情報に基づいて，自己身体運動や凝視方向，頭部方位の認識がなされる。また，この身体各部位の運動情報に関しては，空間座標系に基づく最終的な表象（空間に対して自己の身体，頭部，眼球がどの様な位置にあるのか）以外にも，複層のシステムの各座標系レベルにおいて形成される中間的な表象も利用可能であり，例えば頭部に対し眼球がどの方位を向いているのか等の認識が成立する。ここまで議論してきた図式を用いることによって，背景刺激の運動により誘導される自己身体の運動知覚である通常ベクションの成立機序を，以下の様に記述することができる。

第 5 節　自己運動および対象運動知覚のモデル構築

網膜像情報から外界において静止していると見なされる背景運動が抽出され，その情報に基づいて空間座標系における眼球運動情報（Es）が形成される。この際，眼窩内での眼球運動を示す Eh や，身体に対する頭部運動を示す Hb の情報はなく，これらの情報が統合された結果，空間内での自己の運動（Bs）が知覚される（$Bs=Es-Eh-Hb$；Fig. 6-7）。

　最後に，Fig. 6-2 に示した逆転ベクション知覚の生起メカニズムを，本節で提起した運動認識に関する多層の座標系における空間定位情報の相互変換の枠組みから説明することを試みる。これまでの生理学的な検討によって，視覚誘発性の眼球運動には 2 つの型が存在することが明らかにされている（Dichgans, 1977; Post & Leibowitz, 1985）。一方は，発生学的により古い起源を持つ，身体運動にともなう網膜像のずれ（retinal slip）を最小限に抑えるために誘発される反射的な眼球運動であり，もう一方は，より新しい，外界の対象を中心窩上に捕捉するために必要な意図的な眼球運動である。前者には，眼球追従反応（ocular following response）や視覚運動性ニスタグマスがあり，後者にはサッケードや追跡眼球運動がある。この 2 種の眼球運動の解発機構が協調的あるいは競合的に機能することによって，視覚誘発性の眼球運動が実現される。第 4 章第 4 節の討論では，前面刺激運動によって誘発される反射的眼球運動を意図的な追跡眼球運動で相殺することによって生じる眼球運動情報の誤登録を，逆転ベクション生起の要因として仮定した。すなわち，上記した 2 種の眼球運動制御システムの相互作用によって，眼球が眼窩内で前面運動と反対方向へ運動しているという，頭部座標系における眼球運動情報（Eh）の誤登録が生起すると考えた。この Eh と，前面刺激と直交方向に運動する背景刺激によって示される，観察者の凝視方向は前面刺激運動方向には変化しないという空間座標系における眼球運動情報（Es）を逆方向変換することによって，観察者の頭部が前面運動方向へ運動しているという空間座標系における頭部運動情報（Hs）が知覚情報処理過程に登録されることとなる（$Hs=Es-Eh$）。ここで，身体座標系における頭部運動情報（Hb）は，頭部が身体に対し静止していることを示す。この 2 種の座標系における頭部運動情報を統合することによって，空間座標系における身体運動情報（Bs）が表わされることとなり，それに基づき前面刺激運動と同方向への身体運動である逆転ベクションが生起する（Bs

第6章 総合討論

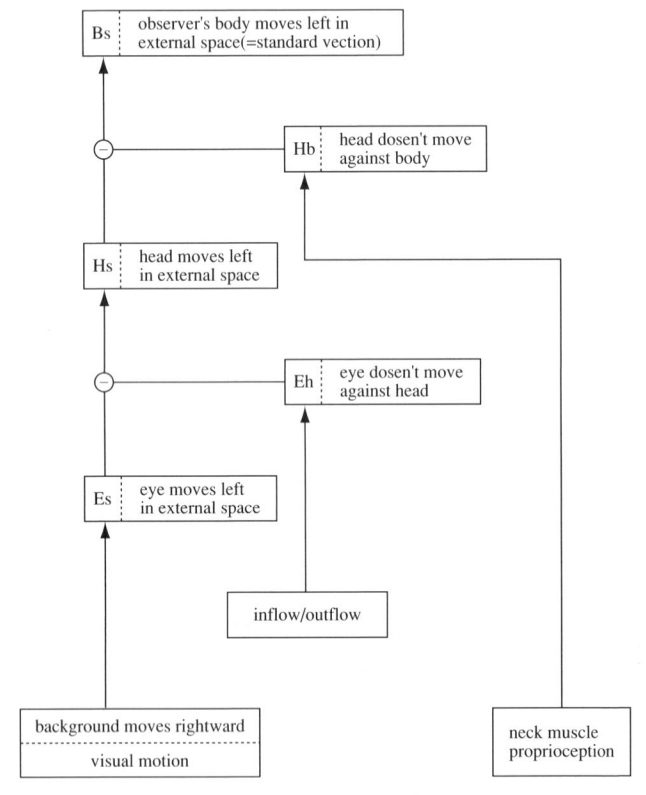

```
                    ┌─────────────────────────────┐
                 Bs │ observer's body moves left in│
                    │ external space(=standard vection)│
                    └─────────────────────────────┘
                              ↑
                            ⊖─────────────┐
                              │           │
                              │        ┌──┴──────────────┐
                              │     Hb │ head dosen't move│
                              │        │ against body    │
                              │        └─────────────────┘
                              │              ↑
                    ┌─────────┴─────────┐    │
                 Hs │ head moves left   │    │
                    │ in external space │    │
                    └───────────────────┘    │
                              ↑              │
                            ⊖─────────────┐  │
                              │           │  │
                              │        ┌──┴──┴──────────┐
                              │     Eh │ eye dosen't move│
                              │        │ against head   │
                              │        └────────────────┘
                              │              ↑
                    ┌─────────┴─────────┐    │
                 Es │ eye moves left    │    │
                    │ in external space │    │
                    └───────────────────┘    │
                              ↑              │
                              │         ┌────┴──────┐
                              │         │inflow/outflow│
                              │         └───────────┘
                    ┌─────────┴─────────┐    ┌───────────────┐
                    │background moves rightward│ │neck muscle   │
                    │─ ─ ─ ─ ─ ─ ─ ─ ─ ─│ │proprioception │
                    │    visual motion  │ └───────────────┘
                    └───────────────────┘
```

Fig. 6-7 Information processing in perceiving standard vection
Note) Figure indicates the case where visual paattern (background) moves rightward (leftward standard vection is perceived), as an example.

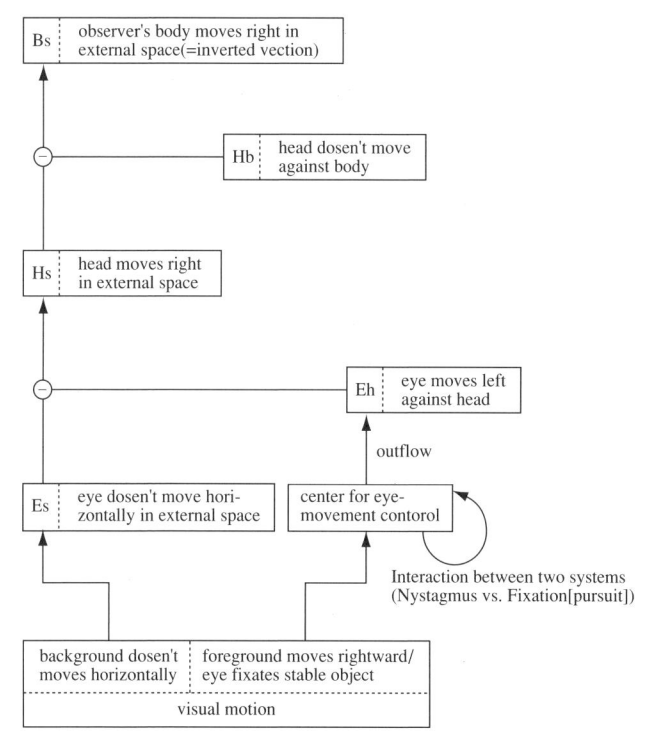

第5節　自己運動および対象運動知覚のモデル構築

Fig. 6-8 Information processing in perceiving inverted vection
Note) Figure indicates the case where foreground moves rightward and background doesn't move horizontally (leftward inverted vection is perceived), as an example.

第6章　総合討論

=Hs−Hb；Fig. 6-8)。

　本節で提出したモデルにより，複数の感覚情報および運動指令情報が複層の座標系間の情報変換を通して統合され，自己運動および対象運動の安定した認識が成立する過程を記述することができた。このモデルを用いることによって，相互に密接な関連を持つと考えられる自己運動と対象運動の知覚情報処理過程を有機的に関係づけることが可能となり，これまで別個に検討されることが多かった両者の相互作用を考察する上で有効な理論上の枠組みを得ることができた。

●第6節　今後の課題

　本節では，討論を終えるにあたり，自己運動知覚の情報処理過程の検討に関し残された課題について言及する。

　本研究では，自己運動知覚の成立メカニズムに関し，視覚情報の役割を中心として検討を進めた。しかしながら，これまでもたびたび述べてきた様に，自己運動知覚の情報処理過程には，視覚情報以外にも，筋運動感覚を含む体性感覚情報や平衡感覚等の他の感覚モダリティの情報も関与している。今後は，これらの複数の感覚情報が自己運動知覚に及ぼす影響，特に感覚情報間の相互作用についてさらに詳細な検討を重ねる必要があろう。また自発的な自己運動の場合には，上述した複数の感覚性の情報に加え，行為者の自己運動の意図や，どの様な運動を行なうのかに関するプラニングの情報も自己運動知覚に影響を及ぼしていると考えられる。この点に関しても今後検討が必要となるであろう。具体的には，Fig. 6-5に示した自己おび対象運動に関する感覚情報処理の各ステップにおいて，各情報が統合される際のそれぞれの相対的な重み，すなわちゲインを決定していくことが必要となる。

　また前節においては，本研究において提起したモデルを用いて，眼球運動中の視覚対象の位置の恒常性知覚の成立メカニズムを記述することが可能であることを示した。しかしながら，視覚以外の感覚モダリティにおいても局所化された空間情報が保持されており，それらの感覚情報に基づく運動知覚も，自己

第6節　今後の課題

運動にともなう感覚受容器自体の運動の影響を受ける。我々は，例えば頭部運動中の音源運動知覚の恒常性（e. g., Wallach, 1940）の様に，視覚以外の他の感覚モダリティにおいても，自己運動の情報を用いて対象運動の知覚に及ぼす自己運動の影響を補正し，実際の対象運動と正しく対応した認識を可能としている。上記モデルを拡張することによって，これらの視覚以外の感覚情報に基づく対象運動の恒常的表象を記述可能としなければならない。

さらに本研究では，実験参加者の主観的経験である自己運動知覚のみを問題とし，立姿勢保持に随伴する身体動揺等，自己運動の制御に関する問題を検討の対象とはしなかった。しかしながら，本章第3節において述べた様に，自己運動の認識とその制御との間で異なる情報処理がなされていることが示唆されており，単純に自己運動知覚の結果がその制御に直接用いられていると考えることはできない。両者の関係に関しても，今後知見の蓄積を行なうことが望まれる。

これらのさらなる検討によって，環境への行動的適応に必要不可欠な空間認識およびそれに基づく空間的行動について，その心理学的基礎を議論するための理論的枠組みを構築することが可能となろう。

第7章

要　約

　本論文では，視覚刺激の平面的配置（刺激呈示領域；第2章），およびその奥行き的配置（刺激奥行き構造第3章～第5章）が視覚誘導性自己運動知覚（ベクション）に及ぼす効果を詳細に分析することにより，我々の環境への行動的適応に必要不可欠な自己運動知覚の成立メカニズムを，主に視覚情報の役割を中心として検討した。ベクションに影響を及ぼす視覚刺激要因を分析するという手法により，以下の諸点をはじめ，視覚情報に基づく自己運動知覚に関し多くの知見を得た。

1）これまでの研究によって，自己運動知覚に大きな影響を及ぼしているとされてきた刺激呈示領域（中心・周辺）は，通常ベクションに影響を及ぼすことはない。その強度は視覚刺激の呈示領域にかかわらず，刺激呈示面積の増大にともない増加する（第2章）。

2）通常ベクション知覚は視覚刺激の奥行き構造に大きな影響を受け，視野内の最も遠くに呈示された視覚刺激（背景刺激）によって誘導される（第3章）。

3）従来はベクション知覚に無関係であると考えられてきた前面刺激も，ベクションに対し特異的な効果を及ぼす。特に，前面刺激が背景刺激と直交方向に低速で運動する場合には，前面刺激と同方向への自己運動知覚が誘導される（逆転ベクション；第4章）。

4）逆転ベクション知覚の生起には，ニスタグマス抑制に起因する眼球運動情報の誤登録が関与している（第5章）。

　これらの結果は，視覚刺激の3次元空間内での配置がベクション知覚におよ

第7章 要　約

ぼす効果の総合的な理解に関し，有益な知見を与えるものである。さらに討論においては，本研究における諸実験の結果に基づき，自己運動知覚に関する情報処理モデルを構築し，複数の感覚情報によって伝達される身体各部位の運動に関する情報を，複層の座標系間の情報変換の過程により矛盾なく表象することが可能であることを示した。このモデルにより，自己運動知覚と対象運動知覚に関する情報処理過程を有機的に記述することが可能となった。

引用文献

Andersen, G. J. 1986 Perception of self-motion: Psychological and computational approaches. *Psychological Bulletin*, **99**, 52-65

Andersen, G. J. & Braunstein, M. L. 1985 Induced self-motion in central vision. *Journal of Experimental Psychology*, **11**, 122-132

蘆田宏, Robin, N., Verstraten, F., 金子寛彦, 尾島修一 1997 2次運動刺激が姿勢制御に与える影響 *Vision*, **9**, 43

Aubert, H. 1886 Die Bewegungsempfindung. *Pülgers Archive*, **39**, 347-370

Banks, M. S., Ehrlich, S. M., Backus, B. T. & Crowell, J. A. 1996 Estimating heading during real and simulated eye movements. *Vision Research*, **36**, 431-443

Barnes, G. R. & Hill, T. 1984 The influence of display characteristics on active pursuit and passively induced eye movements. *Experimental Brain Research*, **56**, 438-447

Bertenthal, B. I. & Bai, D. L. 1989 Infants' sensitivity to optical flow for controlling posture. *Developmental Psychology*, **25**, 936-945

Berthoz, A., Pavard, B. & Young, L. R. 1975 Perception of linear horizontal self-motion induced by peripheral vision (Linear vection). Basic characteristics and visual vestibular interactions. *Experimental Brain Research*, **23**, 471-489

Biguer, B., Donaldson, M. L., Hein, A. & Jeannerod, M. 1988 Neck muscle vibration modifies the representation of visual motion and direction in man. *Brain*, **111**, 1405-1424

Bonnet, C. & Chaudagne, N. 1979 Comparison of contrast thresholds for object-motion and for self-motion in different directions. *Experimental Brain Research*, **36**, 6

Bradley, D. C., Maxwell, M., Andersen, R. A., Banks, M. S. & Shenoy, K. V. 1996 Mechanisms of heading perception in primate visual cortex. *Science*, **273**, 1544-1547

Brandt, T., Bartenstein, P., Janek, A. & Dieterich, M. 1998 Reciprocal inhibitory visual-vestibular interaction. Visual motion stimulation deactivates the parieto-insular vestibular cortex. *Brain*, **121**, 1749-1758

Brandt, T., Dichgans, J. & Büchele, W. 1974 Motion habituation: inverted self-motion perception and optokinetic after-nystagmus. *Experimental Brain Research*, **21**, 337-352

Brandt, T., Dichgans, J. & Koenig, E. 1973 Differential effects of central versus peripheral vision on egocentric and exocentric motion perception. *Experimental Brain Research*, **16**, 476-491

Brandt, T., Wist, E. R. & Dichgans, J. 1975 Foreground and background in dynamic spatial orientation. *Perception & Psychophysics*, **17**, 497-503

Brenner, E. 1991 Judging object motion during smooth eye movements: the role of optic flow. *Vision Research*, **31**, 1893-1902

Busettini, C., Masson, G. S. & Miles, F. A. 1996 A role for stereoscopic depth cues in the rapid visual stabilization of the eyes. *Nature*, **380**, 642-645

Büttner, T. & Straube, A. 1994 Ego- and object-motion perception: where does it take place? *Behavioral and Brain Sciences*, **17**, 316-317

引用文献

Cavanagh, P. & Mather, G.　1989　Motion The long and the short of it. *Spatial Vision*, 4, 103-129

Cheung, B. S. & Howard, I. P.　1991　Optokinetic torsion: dynamics and relation to circularvection. *Vision Research*, 31, 1327-1335

Cheung, B. S., Howard, I. P., Nedzelski, J. M. & Landolt, J. P.　1989　Circularvection about earth-horizontal axes in bilateral labyrinthine-defective subjects. *Acta Otolaryngologica*, 108, 336-344

Delmore, A. & Martin, C.　1986　Roles of retinal periphery and depth periphery in linear vection and visual control of standing in humans. *Canadian Journal of Psychology*, 40, 176-187

Dichgans, J.　1977　Optokinetic nystagmus as dependent on the retinal periphery via the vestibular nucleus. in *Control of gaze by brain stem neurons* (Eds R Baker, A Berthoz) Amsterdam: Elsevier

Dichgans, J. & Brandt, T.　1978　Visual-vestibular interaction: Effect on self-motion perception and postural control. In *Handbook of sensory physiology* (Eds R Held, H W Leibowitz, H L Teuber) Berlin: Springer-Verlag

Duffy, C. J. & Wurtz, R. H.　1991a　Sensitivity of MST neurons to optic flow stimuli. I. A continuum of response selectivity to large-field stimuli. *Journal of Neurophysiology*, 65, 1346-1359

Duffy, C. J. & Wurtz, R. H.　1991b　Sensitivity of MST neurons to optic flow stimuli. II. Mechanism of response selectivity revealed by small-field stimuli. *Journal of Neurophysiology*, 65, 1329-1345

Duffy, C. J. & Wurtz, R. H.　1993　An illusory transformation of optic flow fields. *Vision Research*, 33, 1481-1490

Duffy, C. J. & Wurtz, R. H.　1995　Mechanism of the illusory transformation of optic flow fields. *Vision research*, 35, 985

Dunker, K.　1929　Über induzierte Bewegung. *Psychologische Forshung.*, 12, 180-259

Egusa, H. & Tashiro, T.　1988　Induced subjective self-motion in left-right reversed vision. *Japanese Psychological Research*, 30, 25-32

von Fleischl, E.　1882　Physiologish-optishe Notizen. *Sitzungsberichte der Akademie der Wissen Schaften in Wien III*, 86, 7-25

Fischer, M. H. & Kornmüller, A. E.　1930　Optokinetic ausgelöste Bewegungs-wahrnehmungen und optokinetisher Nystagmus. *Journal für Psychologie und Neurologie* (*Leipzig*), 41, 273-308

Flückiger, M. & Baumberger, B.　1988　The perception of an optical flow projected on the ground surface. *Perception*, 17, 633-645

藤田昌彦・星規久美　1998　視覚誘導性の自己回転感覚の下での視標に向かう急速眼球運動の偏り　電子情報通信学会技術報告書, **NC97-128**, 207-213

Gibson, J. J.　1979　*The ecological approach to visual perception* Boston, Massachusetts: Houghton Mifflin

Gogel, W. C. & Koslow, M.　1972　The adjacency principle and induced movement. *Perception & Psychophysics*, 11, 309-314

Gogel, W. C. & MacCracken, P. J.　1979　Depth adjacency and induced motion. *Perceptual*

& *Motor Skills*, **48**, 343-350
Gogel, W. C. & Tietz, J. D. 1976 Adjacency and attention as determiners of perceived motion. *Vision Research*, **16**, 839-845
Graaf, B., Wertheim, A. H. & Bles, W. 1991 The Aubert-Fleischl paradox does appear in visually induced self-motion. *Vision Research*, **31**, 845-849
Graaf, B., Wertheim, A. H., Bles, W. & Kremers, J. 1990 Angular velocity, not temporal frequency determines circular vection. *Vision Research*, **30**, 637-646
Grigo, A. & Lappe, M. 1998 Interaction of stereo vision and optic flow processing revealed by an illusory stimulus. *Vision Research*, **28**, 281-290
Gurnsey, R., Fleet, D. & Potechin, C. 1998 Second-order motions contribute to vection. *Vision Research*, **38**, 2801-2816
林銈蔵・狩野千鶴 1990 諸種の回転視覚刺激による自体誘導運動 基礎心理学研究, **9**, 67
Heckman, T. & Howard, I. P. 1991 Induced motion: Isolation and dissociation of egocentric and vection-entrained components. *Perception*, **20**, 285-305
Heckman, T. & Post, R. B. 1988 Induced motion and optokinetic afternystagmus: parallel response dynamics with prolonged stimulation. *Vision Research*, **28**, 681-694
Heckman, T., Post, R. B. & Deering, L. 1991 Induced motion of a fixated target: influence of voluntary eye deviation. *Perception & Psychophysics* **50**, 230-236
Held, R, Dichgans, J. & Bauer, J. 1975 Characteristics of moving visual scenes influencing spatial orientation. *Vision Research*, **15**, 357-365
von Helmholtz, H. 1866 *Handbuch der Physiologischen Optik*. (English translated by J P C Southall Wisc.: Optical Society of America)
Henn, V., Young, L. R. & Finley, C. 1974 Vestibular nucleus units in alert monkeys are also influenced by moving visual fields. *Brain Research*, **71**, 144-149
von Holst, E. 1954 Relations between central nervous system and the peripheral organs. *The British Journal of Animal Behavior*, **2**, 89-94
干川隆 1998 傾く部屋によって惹起される身体動揺への身体の操作性と注意の影響 心理学研究, **69**, 310-316
Howard, I. P. 1982 *Human Visual Orientation* Chichester, Sussex: John Wiley
Howard, I. P., Cheung, B. & Landolt, J. 1987 Influence of vection axis and body posture on visually-induced self-rotation and tilt. *AGARD conference proceedings*, **433**, 15.1-15.8
Howard, I. P. & Gonzalez, E. G. 1987 Human optokinetic nystagmus in response to moving binocular disparate stimuli.*Vision Research*, **27**, 1807-1816
Howard, I. P. & Heckman, T. 1989 Circular vection as a function of the relative sizes, distances, and positions of two competing visual displays. *Perception*, **18**, 657-665
Howard, I. P. & Howard, A. 1994 Vection: the contributions of absolute and relative visual motion. *Perception*, **23**, 745-751
Howard, I. P. & Marton, C. 1992 Visual pursuit over textured backgrounds in different depth planes.*Experimental Brain Research*, **90**, 625-629
Howard, I. P. & Ohmi, M. 1984 The efficiency of the central and peripheral retina in driving human optokinetic nystagmus. *Vision Research*, **24**, 969-976
Howard, I. P. & Simpson. W. A. 1989 Human optokinetic nystagmus is linked to the stereoscopic system. *Experimental Brain Research*, **78**, 309-314

引用文献

Howard, I. P. & Templeton, W. B. 1964 Visually-induced eye torsion and tilt adaptation. *Vision Research*, **4**, 433-437

Johanson, G. 1977 Studies on visual perception of locomotion. *Perception* **6**, 365-376

Johnson, C. A. & Scobey, R. P. 1982 Effects of reference lines on displacement thresholds at various durations of movement. *Vision Research*, **22**, 819-821

狩野千鶴 1989 自己身体の誘導運動の残効について 基礎心理学研究, **8**, 46-47

Kano, C. 1990 The aftereffect of self-motion induced by peripheral visual stimulation. *Perception*, **19**, 284

Kano, C. 1991 The perception of self-motion induced by peripheral visual information in sitting and supine postures. *Ecological Psychology*, **3**, 241-252

狩野千鶴 1991 自己運動知覚と視覚系運動情報 心理学評論, **34**, 240-256

Karnath, H. O. 1994 Subjective body orientation in neglect and the interactive contribution of neck muscle proprioception and vestibular stimulation. *Brain*, **117**, 1001-1012

Karnath, H. O., Silvering, D. & Fetter, M. 1994 The interactive contribution of neck muscle proprioception and vestibular stimulation to subjective "straight ahead" orientation in man. *Experimental Brain Research*, **101**, 140-146

Kawano, K., Inoue, Y., Takemura, A. & Miles, F. A. 1994 Effect of disparity in the peripheral field on short-latency ocular following responses. *Visual Neuroscience*, **11**, 833-837

Kennedy, R. S., Hettinger, L. J., Harm, D. L., Ordy, J. M. & Dunlap, W. P. 1996 Psychophysical scaling of circular vection (CV) produced by optokinetic (OKN) motion: individual differences and effects of practice. *Journal of Vestibular Research*, **6**, 331-341

北崎充晃・佐藤隆夫 1999 自発的注意が決定する視覚性自己運動知覚 日本バーチャルリアリティ学会論文誌, **4**, 505-510

Komatsu, H. & Wurtz, R. H. 1988a Relation of cortical area MT and MST to pursuit eye movements. I. Localization and visual properties of neurons. *Journal of Neurophysiology*, **60**, 580-603

Komatsu, H. Wurtz, R. H. 1988b Relation of cortical area MT and MST to pursuit eye movements. III. Interaction with full-field visual stimulation. *Journal of Neurophysiology*, **60**, 621-64

Lee, D. N. & Aronson, E. 1974 Visual proprioceptive control of standing in human infants. *Perception & Psychophysics*, **15**, 529-532

Lee, D. N. & Lishman, J. R. 1975 Visual proprioceptive control of stance. *Journal of Human Movement Studies*, **1**, 87-95

Leibowitz, H. W., Post, R. B., Rodemer, C. S., Wadlington, W. L. & Lundy, R. M. 1980 Roll vection analysis of suggestion-induced visual field narrowing. *Perception & Psychophysics*, **28**, 173-176

Leibowitz, H. W., Shupert, C., Post, R. B. & Dichgans, T. 1983 Autokinetic drifts and gaze deviation. *Perception & Psychophysics*, **33**, 455-459

Lepecq, J. C., Giannopulu, I. & Baudonniere, P. M. 1995 Cognitive effects on visually-induced body motion in children. *Perception*, **24**, 435-449

Lestienne, F., Soechting, J. & Berthoz, A. 1977 Postural readjustments induced by linear motion of visual scenes. *Experimental Brain Research*, **28**, 363-384

Lishman, J. R. & Lee, D. N. 1973 The autonomy of visual kineaesthesis. *Perception*, **2**,

287-294

Loomis, J. M. & Nakayama, K. 1973 A velocity analogue of brightness contrast. *Perception*, **2**, 425-428

Mach, E. 1875 *Grundlinien der Lehre von den Bewegungsempfindungen* Leipzig: Engelmann

Mack, A., Heuer, F., Fendrich, R., Vilardi, K. & Chambers, D. 1985 Induced motion and oculomotor capture. *Journal of Experimental Psychology: Human Perception and Performance*, **11**, 329-345

Marshak, W. & Sekuler, R. 1979 Mutual repulsion between moving visual targets. *Science*, **205**, 1339-1401

Matin, L. 1986 Visual localization and eye movements. In *Hand book of perception and human performance* (Eds K R Boff, L Kaufman, J P Thomas) New York: John Wiley

Meese, T. S., Smith, V. & Harris, M. G. 1995 Induced motion may account for the illusory transformation of optic flow fields found by Duffy and Wurtz. *Vision Research*, **35**, 981-984

Melcher, G. A. & Henn, V. 1981 The latency of circular vection during different accelerations of the optokinetic stimulus. *Perception & Psychophysics*, **30**, 552-556

Mergner, T., Schweigart, G., Müller, M., Hlavacka, F. & Becker, W. 2000 Visual contributions to human self-motion perception during horizontal body rotation. *Archives Italiennes de Biologie*, **138**, 139-166

Mergner, T., Wertheim. A. & Rumberger, A. 2000 Which retinal and extra-retinal information is crucial for circular vection? *Archives Italiennes de Biologie*, **138**, 123-138

Mestre, D. R. & Masson, G. S. 1997 Ocular responses to motion parallax stimuli: the role of perceptual and attentional factors. *Vision Research*, **37**, 1627-1641

Murasugi, C. M., Howard, I. P. & Ohmi, M. 1986 Optokinetic nystagmus: the effects of stationary edges, alone and in combinations with central occlusion. *Vision Research*, **26**, 1155-1162

Murasugi, C. M., Howard, I. P. & Ohmi, M. 1989 Human optokinetic nystagmus: competition between stationary and moving displays. *Perception & Psychophysics*, **45**, 137-144

中村信次 1992 背景刺激が比較相殺過程に及ぼす影響—追跡眼球運動による位置の恒常性喪失現象を用いて— 名古屋大学文学研究科修士論文（未刊行）

Nakamura, S. 1996 Effects of background stimulation upon eye-movement information *Perceptual & Motor Skills*, **82**, 627-635

Nakamura, S. 1997 Effects of background motion on eye-movement information. *Perceptual & Motor Skills*, **84**, 107-113

Nakamura, S. 2001 Self-motion perception induced by oppositely moving central and peripheral visual stimuli. *Japanese Psychological Research*, **43**, 113-120

Nakamura, S. 2004 Effects of spatial arrangement of visual stimulus on inverted self-motion perception induced by the foreground motion: examination of OKN-suppression hypothesis. *Vision Research*, **44**, 1951-1960

Nakamura, S. & Shimojo, S. 1998a Stimulus size and eccentricity in visually induced perception of translational self-motion. *Perceptual & Motor Skills*, **87**, 659-663

Nakamura, S. & Shimojo, S. 1998b Orientation of selective effects of body tilt on visually induced perception of self-motion. *Perceptual & Motor Skills*, **87**, 667-672

引用文献

Nakamura, S. & Shimojo, S. 1999 Critical role of foreground stimuli in perceiving visually induced self-motion (vection). *Perception*, **28**, 893-902

Nakamura, S. & Shimojo, S. 2000 A slowly moving foreground can capture an observer's self-motion a report of a new motion illusion: inverted vection. *Vision Research*, **40**, 2915-2923

Nakamura, S. & Shimojo, S. 2003 Sustained deviation of gaze direction can affect "inverted vection" induced by the foreground motion. *Vision Research*, **43**, 745-749

Newsome, W. T., Wurtz, R. H. & Komatsu, H. 1988 Relation of cortical areas MT and MST to pursuit eye movements. II. Differentiation of retinal from extraretinal inputs. *Journal of Neurophysiology*, **60**, 604-620

日本平衡神経科学会　1986　平衡機能検査の実際　南山堂

Ohmi, M. & Howard, I. P. 1988 Effect of stationary objects on illusory forward self-motion induced by a looming display. *Perception*, **17**, 5-12

Ohmi, M., Howard, I. P. & Landolt, J. P. 1987 Circular vection as a function of foreground-background relationships. *Perception*, **16**, 17-22

Oman, C. M., Bock, O. L. & Huang, J. K. 1980 Visually induced self-motion sensation adapts rapidly to left-right visual reversal. *Science*, **209**, 706-708

Pack, C. & Mingolla, E. 1998 Global induced motion and visual stability in an optic flow illusion. *Vision Research*, **38**, 3083-3093

Palmisano, S. & Gillam, B. 1998 Stimulus eccentricity and spatial frequency interact to determine circular vection. *Perception*, **27**, 1067-1077

Poggio, T., Torre, V. & Koch, C. 1985 Computational vision and regularization theory. *Nature*, **317**, 314-319

Post, R. B. 1986 Induced motion considered as a visually induced oculogyral illusion. *Perception*, **15**, 131-138

Post, R. B. 1988 Circular vection is independent of stimulus eccentricity. *Perception*, **17**, 737-744

Post, R. B. & Chaderjian, M. 1988 The sum of induced and real motion is not a straight path. *Perception & Psychophysics*, **43**, 121-124

Post, R. B. & Leibowitz, H. W. 1985 A revised analysis of the role of efference in motion perception. *Perception*, **14**, 631-643

Post, R. B., Shupert, C. L. & Leibowitz, H. W. 1984 Implications of OKN suppression by smooth pursuit for induced motion. *Perception & Psychophysics*, **36**, 493-498

Previc, F. H. 1992 The effects of dynamic visual stimulation on perception and motor control. *Journal of Vestibular Research*, **2**, 317-323

Previc, F. H. & Donnelly, M. 1993 The effects of visual depth and eccentricity on manual bias, induced motion and vection. *Perception*, **22**, 929-945

Previc, F. H., Kenyon, R. V., Boer, E. R. & Johnson, B. H. 1993 The effects of background visual roll stimulation on postural and manual control and self-motion perception. *Perception & Psychophysics*, **54**, 93-107

Previc F. H. & Mullen T. J. 1990 A comparison of the latencies of visually induced postural change and self-motion perception. *Journal of Vestibular Research*, **1**, 317-323

Reagan, D. & Beverly, K. I. 1982 How do we avoid confounding the direction we are looking and the direction we are moving? *Science*, **215**, 194-196

Reason, J. T. & Brand, J. J.　1975　*Motion sickness* London: Academic Press

Redfern, M. S. & Furman, J. M.　1994　Postural sway of patients with vestibular disorders during optic flow. *Journal of Vestibular Research*, **4**, 221-23

Reinhardt-Rutland, A. H.　1982　Asymmetry in forward and backward vection. *Perceptual & Motor Skills*, **54**, 870

Reinhardt-Rutland, A. H.　1988　Induced movement in the visual modality: an overview. *Psychological Bulletin*, **103**, 57-71

Reshke, M. F., Bloomberg, J. J., Harm, D. L. & Paloski, W. H.　1994　Space flight and neurovestibular adaptation. *Journal of Clinical Pharmacology*, **34**, 609-617

Robin, N., 蘆田宏, 金子寛彦, Verstraten, F., 尾島修一　1997　二種類の視覚運動刺激が人間の姿勢制御に与える影響　電子情報通信学会技術報告書　HIP96-32 43-48

Rock, I., Auster, M., Shiffman, M. & Wheeler, D.　1980　Induced movement based on substraction of motion from inducing object. *Journal of Experimental Psychology: Human Perception & Performance*, **6**, 391-403

Rogers, B.　1988　Perspectives on movement. *Nature*, **333**, 16-17

Roy, J. P. & Wurtz, R. H.　1990　The role of disparity-sensitive cortical neurons in signaling the direction of self-motion. *Nature*, **348**, 160-162

Royden, C. S.　1994　Analysis of misperceived observer motion during simulated eye rotations. *Vision Research*, **34**, 3215-3222

Royden, C. S., Banks, M. S. & Crowell, J. A.　1992　The perception of heading during eye movements. *Nature*, **360**, 583-585

Royden, C. S., Crowell, J. A. & Banks, M. S.　1994　Estimating heading during eye movements.*Vision Research*, **34**, 3197-3214

Royden, C. S. & Hildreth, E. C.　1996　Human heading judgment in the presence of moving objects. *Perception & Psychophysics*, **58**, 836-856

Saito. H., Yukie, M., Tanaka, K., Hikosaka, K., Fukuda, Y. & Iwai, E.　1986　Integration of direction signals of image motion in the superior temporal sulcus of the macaque monkey. *Journal of Neuroscience*, **6**, 145-157

Sauvan, X. M. & Bonnet, C.　1993　Properties of curveilinear vection. *Perception & Psychophysics*, **53**, 429-435

Sauvan, X. M. & Bonnet, C.　1995　Spatiotemporal boundaries of linear vection. *Perception & Psychophysics*, **57**, 898-904

Schor, C. M., Lakshminarayanan, V. & Narayan, V.　1984　Optokinetic and vection responses to apparent motion in man. *Vision Research*, **24**, 1181-1187

Sherrington, C. S.　1918　Observations on the sensual role of the proprioceptive nerve supply of the extrinsic ocular muscles. *Brain*, **41**, 332-343

Shiffrar, M., Li, X. & Lorenceau, J.　1995　Motion integration across differing image features. *Vision Research*, **35**, 2137-2146

Snowden, R. J.　1992　Sensitivity to relative and absolute motion. *Perception*, **21**, 563-568

Stoffregen, T. A.　1985　Flow structure versus retinal location in the optical control of stance. *Journal of Experimental Psychology: Human Perception & Performance*, **11**, 554-565

引用文献

Stoffregen, T. A. & Riccio, G. E. 1990 Responses to optical looming in the retinal center and periphery. *Ecological Psychology*, 24, 609-614

Straube, A. & Brandt, T. 1987 Importance of the visual and vestibular cortex for self-motion perception in man (circularvection). *Human Neurobiology*, 6, 211-218

Tanaka, K., Hikosaka, K., Saito, H., Yukie, M., Fukuda, Y. & Iwai, E. 1986 Analysis of local and wide-field movements in the superior temporal visual area on the macaque monkey. *Journal of Neurophysiology*, 62, 626-641

Tanaka, K. & Saito, H. 1989 Analysis of motion of the visual field by direction, expansion /contraction, and rotation cells clustered in the dorsal part of the medial superior temporal area of the macaque monkey. *Journal of Neuroscience*, 6, 134-144

Tardy-Gervet, M. F., Gilhodes, J. C. & Roll, J. P. 1984 Perceptual and motor effects elicited by a moving visual stimulus below the forearm: an example of segmentaly vection. *Behavioral Brain Research*, 11, 171-84

Taylor, J. L. & McCloskey, D. I. 1991 Illusions of head and visual target displacement induced by vibration of neck muscles. *Brain*, 114, 755-759

Telford, L., Spratley, J. & Frost, B. J. 1992 Linear vection in the central visual field facilitated by kinetic depth cues. *Perception*, 21, 337-349

Ungs, T. J. 1989 The occurrence of the vection illusion among helicopter pilots while flying over water. *Aviation, Space and Environmental Medicine*, 60, 1099-1101

Wade, N. J., Swanston, M. T., Howard, I. P., Ono, H. & Shen, X. 1991 Induced rotary motion and ocular torsion. *Vision Research*, 31, 1979-1983

Waespe, W. & Henn, V. 1977 Neuronal activity in the vestibular nuclei of the alert monkey during vestibular and optokinetic stimulation. *Experimental Brain Research*, 27, 523-538

Wallach, H. 1940 The role of head movements and vestibular and visual cues in sound localization. *Journal of Experimental Psychology*, 27, 339-368

Warren, W. H. 1995 Self-Motion: Visual perception and visual control. In *Perception of space and motion* (Eds W Epstein, S Rogers) San Diego: Academic Press

Warren, R. & Wertheim, A. H. 1990 *Perception and control of self-motion* Hillsdale, NJ: Erlbaum

Watt, D. G. D. & Landolt, J. P. 1990 Effects of short-term weightlessness on roll circularvection. *AGARD conference proceedings*, 478, 20.1-20.6

Wertheim, A. 1987 Retinal and extraretinal information in movement perception: How to invert the Filehne illusion. *Perception*, 16, 299-308

Wist, E., Diener, H. C. & Dichgans, J. 1976 Motion constancy dependent upon perceived distance and the spatial frequency of the stimulus pattern. *Perception & Psychophysics*, 19, 485-491

Wist, E., Diener, H. C., Dichgans, J. & Brandt, T. 1975 Perceived distance and the perceived speed of self-motion: Linear versus angular velocity? *Perception & Psychophysics*, 17, 549-554

Wolf, J. M. & Held, R. 1980 Cyclopean stimulation can influence sensations of self-motion in normal and stereoblind subjects. *Perception & Psychophysics*, 29, 139-142

Wong, S. C. P. & Frost, B. J. 1978 Subjective motion and acceleration induced by the movement of the observer's entire visual field. *Perception & Psychophysics*, **24**, 115–120

Wong, S. C. P. & Frost, B. J.　1981　The effect of visual-vestibular conflict on the latency of steady-state visually induced subjective rotation. *Perception & Psychophysics*, **30**, 228–236

Wood, R. W.　1895　The haunted swing illusion. *Psychological Review*, **2**, 277–278

Young, L. R., Dichgans, J., Murphy, R. & Brandt, T.　1973　Interaction of optokinetic and vestibular stimuli in motion perception. *Acta Otolaryngologica (Stockholm)*, **76**, 24–31

Young, L. R., Oman, C. & Dichgans, J.　1975　Influence of head orientation on visually-induced pitch and roll sensation. *Aviation, Space and Environmental Medicine*, **46**, 264–268

Young, L. R., Shelhamer, M. & Modestino, S.　1986　M. I. T/Canadian vestibular experiments on the Spacelab-1 mission: 2. Visual vestibular tilt interaction in weightlessness. *Experimental Brain Research*, **64**, 299–307

【著者紹介】

中村信次（なかむら・しんじ）

1967年　愛知県に生まれる
1992年　名古屋大学大学院文学研究科博士前期課程修了
1992年～2002年　トヨタ自動車株式会社にて人間の視覚情報処理過程に関する基礎心理学的研究に従事
現　在　日本福祉大学情報社会科学部助教授（博士（心理学））
主著・論文　錯視の科学ハンドブック（分担執筆）　東京大学出版会　2005年
   Effects of spatial arrangement of visual stimulus on inverted self-motion perception induced by the foreground motion: examination of OKN-suppression hypothesis. *Vision Research*, Vol. 44, 1951-1960.　2004年
   Slowly moving foreground can capture an observer's self-motion: a report of a new motion illusion: inverted vection.（共著）　*Vision Research*, Vol. 40, 2915-2923.　2000年
   Critical role of foreground stimuli in perceiving visually induced self-motion（vection）.（共著）　*Perception*, Vol. 28, 893-902.　1999年

視覚誘導性自己運動知覚の実験心理学

2006年3月20日　初版第1刷印刷	定価はカバーに表示
2006年3月30日　初版第1刷発行	してあります。

著　者　　中　村　信　次
発行所　　㈱北大路書房
〒 603-8303　京都市北区紫野十二坊町12-8
　　　　　　電　話　(075) 431-0361㈹
　　　　　　ＦＡＸ　(075) 431-9393
　　　　　　振　替　01050-4-2083

© 2006　　　　　　　　　印刷・製本／創栄図書印刷㈱
検印省略　落丁・乱丁本はお取り替えいたします。
ISBN4-7628-2494-1　　　　Printed in Japan